# Avaliar para aprender

FUNDAÇÃO EDITORA DA UNESP

*Presidente do Conselho Curador*
Herman Jacobus Cornelis Voorwald

*Diretor-Presidente*
José Castilho Marques Neto

*Editor-Executivo*
Jézio Hernani Bomfim Gutierre

Conselho Editorial Acadêmico
Alberto Tsuyoshi Ikeda
Célia Aparecida Ferreira Tolentino
Eda Maria Góes
Elisabeth Criscuolo Urbinati
Ildeberto Muniz de Almeida
Luiz Gonzaga Marchezan
Nilson Ghirardello
Paulo César Corrêa Borges
Sérgio Vicente Motta
Vicente Pleitez

*Editores-Assistentes*
Anderson Nobara
Henrique Zanardi
Jorge Pereira Filho

DOMINGOS FERNANDES

# AVALIAR
# PARA APRENDER

## FUNDAMENTOS, PRÁTICAS E POLÍTICAS

PREFÁCIO
António Nóvoa

© 2008 Editora UNESP

Direitos de publicação reservados à:
Fundação Editora da UNESP (FEU)
Praça da Sé, 108
01001-900 – São Paulo – SP
Tel.: (0xx11) 3242-7171
Fax: (0xx11) 3242-7172
www.editoraunesp.com.br
feu@editora.unesp.br

CIP-Brasil. Catalogação na fonte
Sindicato Nacional dos Editores de Livros, RJ

F399a

Fernandes, Domingos
Avaliar para aprender: fundamentos, práticas e políticas/Domingos Fernandes. – São Paulo: Editora UNESP, 2009.

Anexo
Inclui bibliografia
ISBN 978-85-7139-898-6

1. Avaliação educacional. 2. Aprendizagem – Avaliação. I. Título.

08-5011.
CDD: 371.27
CDU: 371.26

Editora afiliada:

Asociación de Editoriales Universitarias
de América Latina y el Caribe

Associação Brasileira de
Editoras Universitárias

À memória de Duarte Maria.

Ao ideal da avaliação formativa alternativa como processo de melhoria das aprendizagens e de democratização dos sistemas educativos.

Em resumo, não se pode observar uma onda sem ter em conta os aspectos complexos que concorrem para a sua formação e aqueles outros, igualmente complexos, a que essa mesma onda dá lugar.

(...) o senhor Palomar não desanima e pensa, em cada momento, que viu tudo aquilo que podia ver a partir do seu ponto de observação; mas acaba por aparecer sempre qualquer coisa que ele não tinha tomado em consideração.

Italo Calvino, Palomar.

EM TODO O ACASO

Remancha, poeta,
Remancha e desmancha
O teu belo plano
De escrever p'la certa.

Não há "p'la certa", poeta!

Mas em todo o acaso acerta
Nem que seja a um verso por ano...

Alexandre O'Neill, Poesias completas.

# AGRADECIMENTOS

Agradeço ao professor António Nóvoa pela honra que me concedeu com a escrita do prefácio que reflete bem suas reconhecidas e invulgares qualidades de docente e de pesquisador na área da educação. Que melhor estímulo poderia eu desejar para prosseguir e aprofundar o meu trabalho acadêmico e a minha intervenção cívica?

Ao professor Jorge do Ó, meu estimado colega e amigo, agradeço as úteis e oportunas indicações bibliográficas no domínio da história da educação portuguesa. Do mesmo modo são devidos agradecimentos aos professores Rogério Fernandes e João Barroso.

Quero também manifestar um sentido agradecimento a meus incansáveis e solidários amigos Aldina Lobo, Alexandra Figueiredo, Filomena Araújo, Joana Correia e Paulo Pais pelo apoio na análise prévia de alguma bibliografia e na revisão crítica de textos que deram origem a esta publicação.

Uma palavra de agradecimento é justamente devida à Fundação Editora da Universidade Estadual Paulista (UNESP), que assumiu a publicação deste livro no Brasil, mas também a Texto Editores, que publicou a primeira versão do livro em Portugal. Ambas criaram todas as condições para que a edição do livro fosse uma realidade em ambos os países.

# Sumário

Prefácio  13
Introdução  19

1 Três razões suficientes para mudar a avaliação  29
2 Avaliação interna: dos fundamentos e das práticas  43
3 Avaliação externa: exames e estudos internacionais  111
4 Investigação, formação, práticas e políticas: uma agenda, muitos desafios  153

Anexo – Uma seleção de publicações na área da avaliação das aprendizagens  169
Referências  203

# PREFÁCIO

A avaliação é a peça central da "modernidade escolar". A partir de meados do século XIX, deixa de ser possível imaginar processos educacionais que não conduzam a modalidades de julgamento dos alunos e de seus conhecimentos. A avaliação adquire um caráter regular e sistemático, orgânico, que a distingue de suas formas pré-modernas. Doravante, os exames cumprem uma função de organização do ensino, de adequação dos alunos a determinadas turmas e classes, de definição de seu percurso escolar e, obviamente, de seu futuro social e profissional. No documento mais marcante dessa época, o *Dictionnaire de Pédagogie et d'Instruction Primaire*, publicado em 1882, Félix Pécaut explica que "os exames constituem uma sanção oficial, indispensável para assegurar a existência de bons estudos, isto é, para lhes definir um objetivo e para obrigar a juventude a realizar esforços mais enérgicos e continuados".

Como escreve Bruno Belhoste na introdução a um número especial da revista *Histoire de l'Éducation*, por mais avisados que estejamos, não conseguimos deixar de nos surpreender com o lugar que os exames ocupam no imaginário pessoal e social do século XX. Eles são essenciais para definir políticas de seleção ou de abertura, para construir estratégias de valorização do ensino público ou de reforço do ensino privado, para encaminhar os alunos para percursos acadêmicos ou profissionalizantes. Em Portugal, como no restante do mundo, a mudança do sistema de avaliação é sempre o ponto crítico de qualquer reforma ou inovação.

Nenhum tema deu origem a tantos estudos e pesquisas. Os investigadores e os especialistas procuraram compreender essa realidade, elaborando instrumentos cada vez mais sofisticados. Os professores basearam grande parte de sua autoridade pedagógica, e mesmo de sua identidade profissional, no exercício da avaliação. Os decisores políticos colocaram-na no centro de suas preocupações. As famílias encararam sempre a avaliação como o elemento central da sua ligação à escola.

Na primeira metade do século XX, as questões da avaliação adquirem uma matriz psicológica, que não se contenta com o tradicional exame dos conhecimentos e procura diagnosticar a inteligência e as aptidões dos alunos. Aplicam-se testes e métodos psicotécnicos, de diagnóstico e de avaliação, que a nova "ciência dos exames" (a docimologia) sistematiza e difunde em todo o mundo.

A expansão e a democratização do ensino, após a Segunda Guerra Mundial, criam as condições para a emergência de uma reflexão sociológica. Torna-se indispensável atender às origens sociais dos alunos e a seus percursos, melhor dizendo, a seus "destinos" escolares e profissionais. As teorias da "reprodução social" inscrevem uma forma nova, e doravante insubstituível, de olhar para o insucesso escolar.

Nos últimos anos, são as perspectivas econômicas que dominam o debate. Os estudos internacionais de avaliação, conduzidos pela International Association for the Evaluation of Educational Achievement (IEA) ou pela Organização para a Cooperação e o Desenvolvimento Econômico (OCDE), têm como referência dominante a qualificação dos recursos humanos e sua importância para o desenvolvimento econômico e social. É este fato que explica seu fortíssimo impacto na opinião pública.

Os discursos psicológicos, sociológicos e econômicos não se excluem mutuamente. Bem pelo contrário, misturam-se e combinam-se, dando origem a diferentes modalidades e práticas de avaliação. Veja-se o caso do conceito de "competências", recentemente redescoberto, que é um estranho "componente" dessas influências. E a pedagogia? Ao longo do século XX foi incorporando esses discursos, acrescentando-lhes uma preocupação cada vez maior com as dimensões formativas da avaliação. É este um dos aspectos centrais da obra de Domingos Fernandes que defende, com grande lucidez, uma "avaliação formativa alternativa" não a confundindo com uma mera "avaliação da vontade" ou da "intenção formativa".

O autor dá assim uma contribuição fundamental para ampliar os debates sobre a avaliação, situando-os no centro de uma concepção inovadora do trabalho escolar, destinado essencialmente para um reforço das aprendizagens dos alunos. Ao fazê-lo, revela "vistas largas" e uma intuição justa na maneira de expor os *Desafios às Teorias, Práticas e Políticas* que são colocados por uma nova *Avaliação das Aprendizagens*.

Domingos Fernandes apresenta-nos sua obra como um "estado da arte" sobre a avaliação e, ao mesmo tempo, um "grito inconformado" perante um sistema escolar que se mostra incapaz de se democratizar e de responder às necessidades de crianças e jovens. Essa dupla condição define a atitude intelectual do autor e sua vontade de contribuir não só para compreender o fenômeno da avaliação, mas também para delinear estratégias de mudança.

Num país que, na área da Educação, se define pela recusa de um pensamento informado e por um intencional demissionismo, o trabalho de Domingos Fernandes convida-nos à reflexão e à intervenção. Serenamente, o livro *Avaliar para aprender* desvenda-nos a complexidade de um tema que tem sido, muitas vezes, tratado pela rama. Suas propostas, bem sintetizadas no capítulo final, obrigam-nos a sair da indiferença e a tomar posição.

Há importantes mudanças internas nas escolas, sobretudo na capacidade de entender os juízos e os veredictos proferidos pelos professores, não apenas como "sanções", mas sobretudo como fatores de aperfeiçoamento. Mas há, também, consequências externas dos processos de avaliação, nomeadamente no que diz respeito à regulação das escolas e do sistema educacional. Neste sentido, é preciso sublinhar a dimensão pedagógica da avaliação, mas também seu papel como elo entre as escolas e a sociedade. O esforço de comunicação pública do trabalho escolar passa, em grande medida, por uma utilização inteligente de instrumentos e resultados da avaliação.

É por isso que, na maioria dos países, têm-se consolidado as instituições políticas e as estruturas científicas que permitem uma análise e um acompanhamento permanente do funcionamento das escolas. Em Portugal, curiosamente, parece que estamos a fazer o caminho inverso. Como se houvesse investigação a mais na área da educação. Como se fosse desnecessário produzir um conhecimento científico sobre as realidades educacionais. Como se a ação pedagógica e a intervenção política não precisassem de um pensamento rigoroso e informado. Juntemo-nos, pois, ao desafio de Domingos Fernandes, mobilizando-nos para uma *reflexão-intervenção* que contribua para construir uma avaliação coerente e formativa.

O autor sublinha o termo *aprendizagens*, escapando assim às dicotomias inúteis que nos querem obrigar a uma opção entre os alunos e o conhecimento. Não se trata, pois, de atender apenas ao *sujeito-aluno*, em seus processos afetivos, relacionais ou cognitivos. Mas também não se trata de erigir a avaliação dos conhecimentos em medida obrigatória de toda a ação escolar, empobrecendo o currículo de tal maneira que, como já dizia Riley da Mota em 1934, os professores passariam unicamente "a ensinar para exame".

Domingos Fernandes explica, claramente, a importância de uma nova concepção da avaliação, enriquecida por "teorias de aprendizagem" que, nos últimos anos, têm posto em causa muitas das nossas crenças tradicionais. As neurociências, a psicologia cognitiva, as abordagens culturalistas, as tecnologias ou as teorias da complexidade abrem-nos um universo de ideias e conceitos que interroga criticamente as bases da modernidade escolar. Seremos capazes de conceber práticas de avaliação que não se limitem a reproduzir "modelos do passado", mas que procurem aproximar a escola e o currículo da contemporaneidade social, cultural e científica?

É este o desafio que Domingos Fernandes nos coloca com lucidez e inteligência. As questões educacionais têm estado na praça pública. É bom que assim seja. Mas têm estado de forma superficial e pouco informada. E mau que assim seja.

Não é fácil encontrar os processos mais adequados para que as aprendizagens tenham *efetivamente* lugar, para que os alunos tenham *verdadeiramente* sucesso. Não basta escrever meia dúzia de banalidades e de frases feitas para que o problema se resolva. É preciso refletir, investigar, trabalhar. É preciso ter a capacidade e a coragem de formular as perguntas certas. É preciso esforço, rigor e muita determinação para ir inventando e reinventando as respostas necessárias.

Em educação, como em qualquer outro campo social, nada se fará sem estudo, sem criatividade, sem ciência. Sonhos antigos não ajudam a imaginar o presente. Se renunciarmos ao conhecimento, caímos, inevitavelmente, na ignorância. Por tudo isso, e por muito mais que fica por dizer, a obra de Domingos Fernandes surge no momento certo. Ela é uma chamada de atenção útil e oportuna, que nos convida a um olhar crítico e informado sobre a avaliação das aprendizagens.

*António Nóvoa*
Professor catedrático da Faculdade de Psicologia
e de Ciências da Educação da Universidade de Lisboa.
Nova Oeiras, 7 de fevereiro de 2005.

# Introdução

## Considerações gerais

Um dos mais prementes desafios que os sistemas educativos continuam a ter de enfrentar é o de conseguir que todos os alunos tenham acesso a uma educação que lhes permita sua plena integração na sociedade em que vivem. Acontece que, em muitos casos, os sistemas de educação e de formação continuam a ter dificuldades em concretizar práticas de ensino e de avaliação que contribuam para que as crianças e os jovens desenvolvam plenamente as competências indispensáveis para prosseguirem livremente sua vida escolar ou profissional. Na verdade, continuam a prevalecer *modelos* que dão ênfase ao ensino de procedimentos rotineiros que pouco mais exigem dos alunos do que a reprodução de informação previamente *transmitida*. Continuam a prevalecer modelos de avaliação pouco integrados ao ensino e à aprendizagem e, sobretudo, orientados para atribuir classificações. A análise atenta do que os alunos sabem e fazem, para compreender as suas eventuais dificuldades e para ajudá-los a superá-las, parece ficar relegada a segundo plano. Além do mais, continuam a reprovar dezenas de milhares de alunos, logo a partir dos seis ou sete anos de idade, pondo em risco sua integração na sociedade e a coesão social. Enfim, continua-se a sentir um generalizado mal-estar com os processos, os conteúdos e os resultados de muitos sistemas educativos.

Nos últimos trinta anos, a população escolar aumentou de forma dramática e, acima de tudo, diversificou-se. A massificação e a diversificação da população escolar foram importantes conquistas sociais e obrigaram a modificações profundas nos sistemas de educação e de formação. No entanto, não foi ainda possível garantir que o fundamental do currículo fosse o desenvolvimento dos processos mais complexos de pensamento dos alunos mediante a resolução de problemas, a interação com situações problemáticas da vida real, da coleta, análise, interpretação e apresentação de dados ou da realização de experiências de natureza diversa. E menos ainda que a avaliação do trabalho dos alunos fosse utilizada para ajudá-los a melhorar sua aprendizagem, para ajudá-los a aprender com compreensão, para ajudá-los a ser mais autônomos e responsáveis na avaliação de seu próprio trabalho e mais capazes de assumir responsabilidades no desenvolvimento de suas aprendizagens.

É necessário e é possível melhorar no que diz respeito ao desenvolvimento do currículo e da avaliação nas escolas e nas salas de aula, e também no que se refere ao desenvolvimento dos departamentos da administração da educação, investigação, da formação e das políticas educativas. É preciso que nos concentremos mais no apoio às escolas e aos professores para que as práticas possam melhorar significativamente.

Dezenas de anos de pesquisa evidenciam claramente que o uso sistemático e regular de práticas de avaliação formativa que melhoram de modo muito significativo as aprendizagens das crianças e dos jovens e, consequentemente, a qualidade geral dos sistemas educativos.

É caso para perguntar: Por que esperamos?

A avaliação das aprendizagens pode ser entendida como todo e qualquer processo deliberado e sistemático de coleta de informação, mais ou menos participativo e interativo, mais ou menos negociado, mais ou menos contextualizado, acerca do que os alunos sabem e são capazes de fazer em uma diversidade de situações. Normalmente, esse processo permite a formulação de apreciações por parte de diferentes atores (incluindo os próprios alunos), acerca do mérito ou do valor do trabalho desenvolvido o que, em última análise, deverá desencadear ações que regulem os processos de aprendizagem e de ensino. Ou seja, ações que contribuam decisivamente para que os alunos ultrapassem eventuais dificuldades e aprendam com mais gosto e com mais autonomia. Ações que os ajudem a desenvolver processos de autoavaliação e de autorregulação relativamente ao que é suposto aprenderem. Assim, nesse sentido amplo, a avaliação das aprendizagens inclui a avaliação de conhecimentos, de desempenhos, de capacidades, de atitudes, de procedimentos ou de processos mais ou menos complexos de pensamento. Se quisermos, trata-se da avaliação de competências, ou a avaliação dos saberes em uso, como agora se ouve dizer com alguma frequência nos meios educativos, econômicos e empresariais. Por razões de simplificação, sempre que neste livro surgir a palavra *avaliação,* e se nada for dito em contrário, estarei me referindo à avaliação de aprendizagens dos alunos.

Nessas condições, a avaliação, componente indissociável do processo constituído pelo ensino e pela aprendizagem, é um elemento essencial de desenvolvimento dos sistemas educativos porque é muitas vezes a partir e por meio dela que, por exemplo:

- as escolas podem empobrecer ou enriquecer o currículo;
- os professores podem organizar o ensino com maior ou menor ênfase na experimentação ou na resolução de problemas;
- os alunos podem estudar com maior ou menor orientação;
- os pais e os encarregados de educação podem acompanhar a vida escolar de seus filhos ou educandos com maior ou menor interesse;
- a sociedade em geral pode estar mais ou menos informada acerca do que os jovens estão aprendendo e como estão aprendendo;
- os governos podem, ou não, estabelecer mais fundamentada e adequadamente as políticas educativas e formativas.

Repare-se que, em princípio, governos, políticos, escolas, gestores escolares, professores, pais e alunos estão todos interessados na avaliação, precisam dela ou utilizam-na, mais ou menos sistematicamente, de diversas formas.

Por exemplo, os governos e os políticos precisam avaliar para estabelecer *standards* (padrões de excelência, se quisermos) para monitorar a qualidade da educação, para perceber o significado e os efeitos dos exames nacionais ou para formular políticas.

As escolas e os respectivos responsáveis utilizam a avaliação para identificar pontos fortes e pontos fracos de seus projectos educativos, planejar ou melhorar projetos e programas em curso ou intervir na gestão dos recursos humanos e materiais.

Os professores e os diversos responsáveis pela vida das escolas usam a avaliação para monitorar o progresso dos alunos, avaliar o currículo e proceder a seu refinamento, introduzir correções no processo de ensino, melhorar as aprendizagens, orientar e motivar os alunos ou preparar a atribuição de classificações.

Finalmente, os pais e os alunos podem utilizar a avaliação para ajuizar acerca do trabalho realizado pelas escolas, tomar decisões conscientes relativas ao prosseguimento de estudos, analisar pontos fortes e pontos fracos dos alunos ou regular o processo de aprendizagem.

## Acerca da natureza deste livro

Este livro não é um manual sobre avaliação das aprendizagens que, como todos os manuais, apresente, em uma sequência mais ou menos ordenada, as definições, os conceitos, os instrumentos e toda uma série de exemplos, mais ou menos contextualizados, que ilustrem bons procedimentos de avaliação. Já existem, quer no Brasil, quer em Portugal, vários manuais de avaliação desse tipo, alguns dos quais, devo salientar, de boa ou de muito boa qualidade.

É claro que certos manuais podem tender a ser concebidos como uma espécie de receituário em que os assuntos são apresentados de forma supostamente neutra, por vezes até algo insípida, distante de polêmicas, de debates paradigmáticos ou de quaisquer incômodos. Consequentemente, um manual nem sempre suscita a dúvida e a reflexão porque *as coisas são assim mesmo* e, por isso, *temos de aprendê-las tais como são*.

Não quis escrever um manual assim nem de outra maneira qualquer. Quis escrever um livro que identificasse problemas e eventuais formas de ultrapassá-los, que discutisse perspectivas e concepções, que permitisse apoiar projetos de pesquisa e de formação, que fosse capaz de ajudar a traçar caminhos para o desenvolvimento de novas práticas. Um livro que, no fundo, fosse capaz de fazer um ponto da situação do que existe no que se refere à avaliação das aprendizagens. Uma espécie de *estado da arte* que pudesse ter características analíticas e interpretativas próprias do ensaio. Ou seja, um texto que fosse capaz de interpelar quem o ler, porventura questionando suas práticas, concepções ou conhecimentos, mas que também fosse capaz de apoiar o desenvolvimento e a melhoria de práticas que, apesar de consideradas inadequadas, são largamente dominantes nos sistemas educativos. Um texto, um livro, tão fundamentado quanto possível, que pudesse constituir uma *quase-conversa* com os leitores e, acima de tudo, que os motivasse para o desafio de avaliar para melhorar o ensino e a aprendizagem. O desafio de melhorar a qualidade do sistema educacional. O desafio de construir uma escola em que valha a pena ensinar, aprender e viver. Sim. Viver.

Mas, imagine o leitor, eu ainda quis que este simples livro fosse uma espécie de *grito*. Isso mesmo. Um *grito inconformado* perante sistemas educacionais que continuam, todos os anos, a *permitir* que milhões de alunos percam o interesse pela escola, sejam reprovados ou, muito simplesmente, a abandonem sem quaisquer qualificações dignas desse nome. Um *grito inconformado* perante uma discriminação que não tem nenhum sentido e, por exemplo, faz de Portugal um *caso* no contexto europeu. Trinta anos passados em uma democracia e o sistema educativo português continua com sérios problemas para se democratizar plenamente. Situação semelhante ocorre com outros países ibero-americanos, notadamente o Brasil. E todos sabemos que é possível fazer melhor. Que cada um de nós pode fazer melhor. E todos sabemos que não podemos continuar a conviver com certa mediocridade que se foi instalando, com um certo *deixa andar* que nos tolhe o pensamento e parece-nos tornar quase imunes, ou indiferentes, perante situações de crianças que não sabem ler aos nove e dez anos de idade ou de crianças que começam a ser reprovadas, imagine, aos sete anos de idade, ou ainda de jovens que são precocemente afastados do acesso à ciência, à arte, ao esporte, à cultura. Todos sabemos que pode ser diferente e que tem de deixar de ser assim. E é por isso que o grito é também de esperança no futuro. Um grito de confiança naqueles que trabalham diariamente para transformar e melhorar o sistema educacional.

Nesse sentido, pretendi escrever um livro que não se limitasse às considerações estritamente teóricas e sugerisse caminhos e traçasse perspectivas, propondo políticas mais orientadas para a vida das escolas, mais preocupadas com o que se passa nas salas de aula. Políticas que invistam mais, muito mais, na avaliação formativa e, por isso, que orientem mais os sistemas educacionais para a melhoria das aprendizagens.

## Acerca dos potenciais destinatários

Este livro poderá interessar a professores e a formadores de todos os níveis de ensino; a gestores das escolas; a responsáveis por centros de formação; a técnicos do Ministério e das Secretarias da Educação, mas também a técnicos de outros ministérios e dos setores público e privado que trabalhem na área da formação e da avaliação; a professores e alunos dos cursos de pedagogia e de formação de professores e, em geral, a formadores de professores. Todos os que de algum modo têm de ensinar ou formar alunos nos mais variados contextos, em qualquer nível de ensino, poderão encontrar neste livro um conjunto de considerações que os apoiarão em suas funções de ensino e, naturalmente, de avaliação.

Por outro lado, este livro pode interessar a pesquisadores na área do currículo e da avaliação, em particular àqueles que consideram que as atuais práticas sacrificam a melhoria das aprendizagens, pois estão demasiadamente subordinadas a princípios de natureza técnica, quase exclusivamente orientadas para a classificação. Isto é, a todos os que investigam, ou que pretendem vir a investigar, alternativas às práticas dominantes de ensino e de avaliação que, como é claro, não respondem de modo adequado à premente necessidade de melhorar o atual estado da educação.

## Acerca dos objetivos e do que se discute e analisa

A discussão dos assuntos constantes neste livro está organizada em cinco capítulos ou seções principais, incluindo esta *Introdução*. Numa sexta parte incluiu-se um Anexo em que se apresenta uma síntese telegráfica de artigos e de livros sobre avaliação das aprendizagens de autores anglo-saxônicos, francófonos, espanhóis e portugueses. Trata-se de um material que se destina a apoiar os leitores que, por exemplo, pretendem ampliar suas possibilidades de consulta. Finalmente, incluem-se as *Referências* utilizadas.

Como os leitores poderão compreender, é impossível discutir questões relativas ao currículo ou à avaliação das aprendizagens sem contextualizá-las e sem procurar definir os contornos dos elementos com os quais estamos trabalhando. Desta forma, há assuntos ou conceitos, como é, por exemplo, o caso da avaliação formativa, que têm necessariamente de ser discutidos ao longo do livro. Por isso, tomei sempre a liberdade de ir discutindo o que parecia adequado e oportuno à medida que o texto se desenvolvia.

Estou certo de que parte dos problemas que se arrastam há anos nos sistemas educativos resulta de questões relacionadas com a organização e o funcionamento das escolas e, sobretudo, das formas como se entende e organiza o ensino e a avaliação, mas também das concepções que se sustentam acerca da aprendizagem. Por isso, a segunda parte do livro discute *Três Razões Suficientes para Mudar a Avaliação* das aprendizagens: desenvolvimento das teorias da aprendizagem; desenvolvimento das teorias do currículo; e democratização dos sistemas educacionais. A breve discussão e a reflexão apresentadas nesta seção do livro abordam um conjunto de questões que vão desde os fundamentos das teorias da aprendizagem e do currículo à natureza das tarefas de ensino, de aprendizagem e de avaliação e à relação da avaliação com os processos de integração ou de exclusão dos alunos.

A avaliação é, por natureza, uma disciplina complexa, influenciada por contributos teóricos da pedagogia, da didática e da psicologia cognitiva e social, mas também da sociologia, da antropologia e da ética. A integração desses contributos tem-se feito sentir com particular incidência nas últimas décadas e, muito especialmente, a partir da década de 1980 do século XX, com a maior afirmação de pressupostos ontológicos, epistemológicos e metodológicos menos subordinados ao positivismo e com o reconhecimento crescente de que se tornava necessário integrar novas teorias e novos modelos para enfrentar os problemas dos sistemas educacionais. Naturalmente que, ao interagir com aquelas disciplinas, a avaliação também contribui para o seu enriquecimento teórico. São evidentes suas relações privilegiadas com a didática, a pedagogia, a psicologia social e com as teorias socioculturais em geral.

Na terceira seção do livro, intitulada *Avaliação Interna: Dos Fundamentos e das Práticas*, discutem-se e analisam-se diferentes concepções e as principais características da avaliação de aprendizagens, fazendo referência a diferentes modalidades da chamada *avaliação alternativa*, como a *avaliação autêntica*, a *avaliação reguladora*, a *avaliação formadora*, a *avaliação contextualizada* ou a *avaliação educativa*. Apesar de essas designações não terem todas exatamente o mesmo conteúdo semântico, são avaliações de natureza eminentemente formativa caracterizadas pela atenção que prestam aos processos de interação nas salas de aula e de aprendizagem dos alunos, à integração plena da avaliação no processo ensino-aprendizagem ou à autoavaliação, à metacognição e à autorregulação. Neste trabalho propõe-se a designação *avaliação formativa alternativa* para sublinhar a diferença com a avaliação formativa de raiz behaviorista e psicométrica e, simultaneamente, para reforçar a ideia integradora de que a alternativa que se propõe às práticas dominantes de avaliação é a avaliação formativa cuja natureza, conteúdo e forma se discutem nessa terceira parte do livro. Em suma, de forma tão fundamentada quanto possível, discutem-se, analisam-se e interpretam-se conceitos que parecem ser estruturantes e fundamentais para uma abordagem teórica e prática da avaliação das aprendizagens. Naturalmente que, ao longo de toda a discussão, há uma preocupação basilar em relacionar os desenvolvimentos teóricos com as práticas. Consequentemente, organiza-se e discute-se um conjunto de recomendações *Para uma Prática da Avaliação Formativa Alternativa*.

Por último, deve referir-se que esta quarta parte tem fundamentalmente que ver com questões relativas à *avaliação interna*, ou seja, àquela que é da responsabilidade integral das escolas e dos professores.

No quarto capítulo, *Avaliação Externa: Exames e Estudos Internacionais*, discute-se a avaliação que é da integral iniciativa e responsabilidade de alguma entidade exterior à escola (por exemplo, o Ministério da Educação ou de uma Secretaria da Educação), nomeadamente várias questões relacionadas com os exames nacionais, em especial no que diz respeito a seus possíveis efeitos no desenvolvimento do currículo, à sua validade e confiabilidade e às suas vantagens e desvantagens.

Muitos países, como é o caso do Brasil e de Portugal, têm participado de estudos internacionais de avaliação promovidos e orientados por organizações internacionais, como a IEA e a OCDE. Tais avaliações têm incidido nos domínios das ciências, da literacia em contextos de leitura e de matemática. Nestas condições e considerando o crescente impacto desses estudos de avaliação externa na opinião pública, nos meios acadêmicos e também, em certo sentido, na formulação das políticas educativas dos países participantes, pareceu-me interessante tecer algumas considerações acerca da natureza desses estudos, de seus propósitos e impactos.

Na quinta parte do livro, *Investigação, Formação, Práticas e Políticas: Uma Agenda, Muitos Desafios*, são sugeridos cursos de ação que parecem necessários e, como é óbvio, decorrem da discussão e da reflexão que se fizeram. Não se trata de uma agenda exaustiva e de modo algum fechada. A intenção é a de contribuir para encontrar formas de ir resolvendo os problemas, por isso foram selecionadas algumas sugestões que parecem exequíveis, necessárias e urgentes.

Salienta-se que é *uma* agenda e não *a* agenda! Ou seja, é uma agenda que resulta de uma leitura que faço do atual *estado das coisas* e a qual *interfere* no domínio das políticas educativas, no domínio da organização e funcionamento das práticas pedagógicas e didáticas das escolas, no domínio da formação de professores e no domínio da produção de conhecimento por parte das instituições do ensino superior. É evidente que podem surgir outras agendas, refletindo outras visões, outras concepções e, em consequência, outras prioridades. O que sinceramente espero é que a agenda proposta contribua para que, no domínio da avaliação das aprendizagens, possamos conjugar esforços da formação, da investigação e das práticas que se traduzam em linhas de ação política mais fundamentadas, que ajudem a consolidar o que tem funcionado bem, a melhorar o que tem funcionado menos bem e a pôr para funcionar o que, muito simplesmente, não tem funcionado.

# 1
# TRÊS RAZÕES SUFICIENTES PARA MUDAR A AVALIAÇÃO

Há anos que na literatura se vem reconhecendo a necessidade de mudar e de melhorar as práticas de avaliação das aprendizagens dos alunos, claramente defasadas das exigências curriculares e sociais com que os sistemas educativos estão confrontados. Apesar disso, continuam a predominar práticas de avaliação que, no essencial, visam à classificação e à certificação, em detrimento de práticas que também tenham em conta a necessidade de melhorar e de compreender o que se tem de aprender.

Os sistemas educacionais estão organizados com base em culturas de avaliação diferentes. Uns desenvolveram uma cultura assentada na concepção de que o propósito primordial da avaliação é o de melhorar as aprendizagens, ajudar os alunos a superar suas dificuldades, uma cultura que parte do elementar princípio de que todas as crianças e jovens podem aprender. A ênfase situa-se claramente na avaliação formativa, destinada a melhorar e a regular sistemática e deliberadamente o ensino e a aprendizagem. Outros baseiam-se mais na concepção de que o principal propósito da avaliação é o de classificar, certificar, aceitando que há alunos que não podem aprender, desenvolvendo uma cultura cujos resultados estão em geral associados à desmoralização, à repetência e ao abandono escolar de milhares de crianças e jovens. Neste caso, o sistema educacional está globalmente orientado para a prática quase exclusiva da avaliação somativa, que praticamente se limita a apreciar resultados evidenciados pelos alunos tendo em vista a atribuição de classificações. Há ainda outros que procuram compatibilizar as duas visões, as duas culturas, reconhecendo a necessidade de articular as funções da avaliação formativa com as da avaliação somativa ou certificativa. Independentemente dos sistemas há, atualmente, um reconhecido e generalizado descontentamento relativo a práticas que ignorem o papel primordial que a avaliação deve ter no apoio às aprendizagens dos alunos. A pesquisa internacional realizada nos últimos trinta anos revela que é possível fazer melhor, quer em nível das práticas que se desenvolvem nas salas de aula e nas escolas, quer em nível da chamada avaliação em larga escala, como é o caso dos exames nacionais, obrigatórios, com efeitos na progressão acadêmica dos alunos, ou das provas que visam a essencialmente monitorar o desenvolvimento do currículo e as aprendizagens adquiridas sem que, no entanto, tenham impacto na progressão dos estudantes.

Destacarei e discutirei aqui as seguintes três razões que justificam a necessidade de mudança das atuais práticas de avaliação: desenvolvimento das teorias da aprendizagem, desenvolvimento das teorias do currículo e a democratização das escolas públicas. Esta última, de natureza substancialmente distinta das duas primeiras, só serve para confirmar a ideia de que a avaliação das aprendizagens tem implicações profundas nas mais variadas áreas dos sistemas educacionais. Outras razões, de natureza muito diversa, poderiam aqui ser apresentadas mas, para mim, estas são, de fato, as mais significativas.

## Primeira razão: desenvolvimento das teorias da aprendizagem

A forma como a avaliação se organiza e se desenvolve nas salas de aula, nas escolas ou nos sistemas educacionais não é independente das concepções que se sustentam acerca da aprendizagem. Pelo contrário, há quase uma relação de causa-efeito entre o que pensamos, ou o que sabemos, acerca das formas como os alunos aprendem e as formas como avaliamos as aprendizagens deles.

Por exemplo, há cerca de cem anos, a maioria dos testes ou exames tinha, segundo Shepard (2000), características como: a) perguntas centradas na memorização de rotinas; b) perguntas que apenas solicitavam que os alunos completassem espaços; c) perguntas para que os alunos estabelecessem correspondências entre afirmações dadas; d) perguntas de múltipla escolha; e e) algumas perguntas tipo do ensaio. Essas características não faziam mais do que corresponder ao que então se considerava importante aprender e ao que se pensava serem as formas como os alunos aprendiam. As perguntas dos testes deveriam centrar-se num assunto de cada vez, que constituiria um dos elementos de um conceito mais complexo. Ou seja, a ideia era a de que as aprendizagens complexas não eram mais do que a soma de um número mais ou menos extenso de aprendizagens mais simples. Logo, o necessário era decompor um conceito em tantas partes quantas as necessárias, ensiná-las aos alunos e avaliá-los em conformidade. Uma primeira consequência dessa concepção é a de que se tornava necessário "treinar" os alunos naquelas pequenas partes. Praticar era fundamental para que eles dominassem cada um dos elementos em que um dado conceito se decompunha. Tratava-se de uma concepção da aprendizagem como acumulação de associações estímulo-resposta, que sustentou o pensamento e a ação dos psicólogos behavioristas, e, em boa medida, que ainda hoje influencia de modo significativo o currículo e as práticas de ensino e de avaliação nos sistemas educacionais.

Em tais condições, as aprendizagens que se desenvolviam tendiam a ser superficiais pois as práticas de ensino eram orientadas para o domínio dos elementos constituintes do conceito, da ideia ou da teoria em questão, perdendo-se assim a ideia do conjunto e as relações existentes entre diferentes conceitos.

O behaviorismo tem influenciado o ensino e a avaliação nas últimas décadas, apesar de, como veremos a seguir, a partir dos anos 80 do século passado, terem começado a emergir novas concepções inspiradas no cognitivismo, no construtivismo e no socioconstrutivismo. Para sintetizar, apresentam-se em seguida os principais pressupostos em que se baseiam as concepções de aprendizagem dos behavioristas (Shepard, 2001).

- as aprendizagens ocorrem pela acumulação de pequenos elementos em que um dado conhecimento se decompõe;
- as aprendizagens desenvolvem-se de forma sequencial e hierárquica;
- as aprendizagens só se transferem para contextos muito semelhantes àqueles em que ocorreram. Se os contextos são muito diferentes é necessário desenvolver novas aprendizagens;
- os testes devem ser utilizados com frequência como forma de garantir o domínio dos assuntos antes de se prosseguir para o objetivo seguinte;
- há um isomorfismo entre os testes e a aprendizagem. Ou seja, em certo sentido, os testes confundem-se com a aprendizagem, e vice-versa; e
- a motivação é determinada externamente e, tanto quanto possível, deve basear-se no reforço positivo de muitos pequenos passos (ibidem, p.1070).

Tais concepções dos behavioristas em relação à aprendizagem acabaram por conduzir a uma visão limitada e redutora do currículo, com o conhecimento sendo encarado segundo um número mais ou menos extenso de pequenos elementos; com um ensino muito condicionado por listas mais ou menos longas de objetivos, muitas vezes pouco relacionados entre si; e com testes frequentes de objetivos comportamentais, cujos resultados não permitiam inferir mais do que aquilo que era medido por tais testes. Ou seja, a análise do trabalho escrito dos alunos não permitia quaisquer conclusões referentes a outros tipos de competências que eles pudessem ter, dada a natureza muito limitada das questões que, em geral, estavam centradas nos processos mais simples de pensamento.

Entretanto, os resultados da pesquisa no campo das ciências cognitivas começaram a mostrar que os processos de aprendizagem não são lineares, antes se desenvolvem em múltiplas direções e em ritmos que não obedecem propriamente a padrões regulares. O desenvolvimento de processos complexos de pensamento deve iniciar-se desde o início da escolaridade e, em geral, não ocorre só após os alunos dominarem previamente um conjunto de fatos básicos. As pessoas de todas as idades e com os mais variados níveis de conhecimentos e competências utilizam, reconstroem e integram conceitos de diferentes graus de complexidade. Por outro lado, parece haver grande variedade nas formas e nos ritmos com que elas aprendem, nas capacidades de atenção e de memorização que podem utilizar em seus diferentes desempenhos e na aprendizagem de conceitos e ainda nas formas que utilizam para comunicar os significados pessoais que atribuem ao que vão aprendendo. O que atualmente sabemos sobre a aprendizagem permite-nos considerar inadequado, sob muitos pontos de vista, um ensino baseado quase exclusivamente na prática de procedimentos rotineiros e na aprendizagem de conhecimentos de fatos discretos e descontextualizados que não são vistos de forma integrada. A investigação tem sugerido que aprender dessa forma dificulta a aplicação e a mobilização dos conhecimentos em contextos diversificados, nomeadamente na resolução de problemas da vida real.

As aprendizagens significativas, as chamadas aprendizagens com compreensão ou aprendizagens profundas, são reflexivas, construídas ativamente pelos alunos e autorreguladas. Por isso, eles não são encarados como meros receptores que se limitam a "gravar" informação, mas antes como sujeitos ativos na construção de suas estruturas de conhecimento. Conhecer alguma coisa significa ter de interpretá-la e ter de relacioná-la com outros conhecimentos já adquiridos. Além disso, hoje se reconhece que não basta saber como desempenhar uma dada tarefa, mas é preciso saber quando desempenhá-la e como adaptar esse desempenho a novas situações.

Sabe-se, ainda, que as competências metacognitivas e socioafetivas desempenham um papel relevante no desenvolvimento das aprendizagens. É por isso que, muitas vezes, as diferenças entre alunos fracos e bons na resolução de problemas não residem tanto nos conhecimentos que ambos possuem mas, antes, na forma como gerem e utilizam esses mesmos conhecimentos. Ou seja, ter ou desenvolver conhecimentos é uma condição necessária mas não suficiente para que alguém se torne bom na resolução de problemas. É preciso saber integrar, relacionar e mobilizar conhecimentos e estratégias, é preciso saber gerir afetos, emoções e atitudes e saber quando e como utilizar esses saberes. Conforme referido por Shepard (2000; 2001), estamos diante de um paradigma emergente no domínio das aprendizagens que congrega, entre outros, os trabalhos da pesquisa de cognitivistas, construtivistas e de investigadores da chamada aprendizagem situada. Há, assim, contribuições mais centradas no funcionamento, na organização e nas capacidades da mente, inspiradas no cognitivismo, ao passo que outras, inspiradas na antropologia e no socioconstrutivismo, analisam e procuram compreender as aprendizagens partindo das interações sociais e dos significados culturais que os alunos atribuem aos fenômenos que os rodeiam. Nessa linha, considera-se que os alunos constroem o conhecimento criando suas próprias interpretações, seus modos de organizar a informação e suas abordagens para resolver problemas. Em contrapartida, assume-se que as aprendizagens são processos eminentemente sociais. Ou seja, as aprendizagens, apesar de exigirem trabalho individual de interiorização, não podem ser compreendidas sem ter em conta seu contexto e seu conteúdo social.

Sintetizando, podemos afirmar que, presentemente, as teorias da aprendizagem pressupõem princípios como:

- as aprendizagens são um processo ativo de construção mental e de atribuição de significados;
- aprender "coisas" novas pode ser facilitado, dificultado ou até impedido pelo sistema de concepções das pessoas e pelas suas estruturas de conhecimento preexistentes;
- as aprendizagens são processos marcadamente sociais e, como tal, o que se aprende é determinado social e culturalmente. As interações sociais apoiam o desenvolvimento das competências cognitivas;
- a metacognição, o autocontrole e autorregulação das competências são indispensáveis para o desenvolvimento do pensamento inteligente; e

- novas aprendizagens são determinadas pelos conhecimentos prévios e pelas perspectivas culturais que se sustentam (Shepard, 2000; 2001).

Parece evidente que, nessas circunstâncias, avaliar o desempenho dos alunos em tarefas rotineiras ou conhecimentos que pouco mais exigem do que a memorização será insuficiente. A avaliação tem de abranger processos complexos de pensamento, tem de contribuir para motivar os alunos na resolução de problemas e para a valorização dos aspectos de natureza socioafetiva, e tem também de se centrar mais nas estratégias metacognitivas utilizadas e serem usadas pelos alunos. Torna-se assim necessário: a) recorrer a tarefas de avaliação mais abertas e variadas; b) diversificar as estratégias, as técnicas e os instrumentos empregados na coleta de informação; c) desenvolver uma avaliação que informe tão claramente quanto possível acerca do que, em cada disciplina, todos os estudantes precisam saber e ser capazes de fazer; e d) analisar de forma deliberada e sistemática a informação avaliativa obtida com os alunos.

## Segunda razão: desenvolvimento das teorias do currículo

Nos últimos trinta anos, tem havido profundas alterações nos currículos de praticamente todos os países do mundo. A expansão dos regimes democráticos, a grande facilidade de mobilidade de pessoas e de mercadorias e as novas tecnologias de informação e de comunicação transformaram de modo significativo as sociedades modernas. Só a título de exemplo, pensemos nas profundas transformações econômicas, sociais, políticas e culturais a que temos assistido nos países europeus. As sociedades tornaram-se muito mais multiculturais, muito mais competitivas, muito mais exigentes em todos os níveis e muito mais abertas do ponto de vista econômico. Mas também se tornaram mais instáveis, mais inseguras, menos previsíveis. Hoje, sabe-se que dificilmente um emprego será para toda a vida, em uma dada empresa ou mesmo em um dado país. Há muito maior interdependência entre os países e, em particular, entre suas economias. Decisões tomadas num país asiático podem ter reflexos políticos, econômicos e sociais profundos nos países europeus. Podemos dizer que as mudanças rápidas e profundas, a imprevisibilidade e a interdependência econômica, política e social são características marcantes das nossas sociedades. Os jovens de hoje têm de estar habilitados com um conjunto de saberes, capacidades e atitudes que lhes permita viver integrados nesse tipo de sociedades e ter o necessário espírito crítico em face das realidades e dos fenômenos que os rodeiam.

Em tais circunstâncias, e numa tentativa de adaptar os sistemas educativos ao atual *estado das coisas*, mas também ao que se pensa que será o futuro, os governos de muitos países têm procurado imprimir um ritmo reformista quase permanente nas medidas de política educacional que, essencialmente, tem-se caracterizado pela introdução de alterações curriculares mais ou menos profundas, pela diversificação e flexibilização de percursos educativos e formativos, pela aposta na educação e na formação ao longo da vida, pela ampliação da escolaridade obrigatória, pela maior autonomia das escolas e, simultaneamente, pelo estabelecimento de mecanismos que, centralmente, reforcem o controle do currículo e da avaliação por parte do Estado. A ideia parece ser a de procurar garantir que os sistemas educacionais preparem jovens capazes de lidar com situações complexas, de resolver problemas em contextos diversificados nacionais e internacionais, de trabalhar em grupos cada vez mais multiculturais, de se comunicar facilmente em sua língua e, pelo menos, em uma língua estrangeira, de saber utilizar as novas tecnologias da comunicação, de selecionar informação, de ser tolerantes para com as diferenças, de ser cidadãos críticos e participativos na vida democrática das sociedades. Enfim, a lista poderia prosseguir por mais algumas páginas...

O que interessa salientar sobretudo é que os currículos de hoje nos lançam desafios que vão muito além da memorização de conhecimentos e de procedimentos rotineiros. São muitíssimo mais exigentes do que há trinta anos, quer na diversidade e na profundidade de conhecimentos exigidos, quer na complexidade das tarefas propostas aos alunos, quer ainda na preocupação explícita com a integração, a relação e a mobilização de conhecimentos e aprendizagens que, tanto quanto possível, devem ser desenvolvidas em contextos com real significado para os alunos.

É nesse enquadramento que os países participam de estudos internacionais de avaliação das aprendizagens dos alunos. Em certo sentido, tais estudos acabam por constituir uma pressão para que os países participantes adiram a certos padrões curriculares e para que seus sistemas educacionais definam *padrões* que, supostamente, os ajudem a melhorar a qualidade do serviço educacional e formativo que é prestado a seus cidadãos.

Curiosamente, só há muito pouco tempo, mais concretamente a partir de fins da década de 1980 e apenas num reduzido número de países, se começou a perceber *movimentos*, mais ou menos institucionais, tendentes a *alinhar* a avaliação com as novas exigências curriculares. Como veremos mais adiante, tal *alinhamento* ainda está longe de ser concretizado. Há um intenso e interessantíssimo debate que ainda está fazendo o seu caminho. Uma coisa parece certa: ninguém está propriamente satisfeito com o tipo de avaliação das aprendizagens dominante nos sistemas educacionais. Há até quem afirme, talvez exagerando um pouco, que as sucessivas reformas têm falhado porque a avaliação permanece praticamente imutável. Talvez não seja rigorosamente assim, mas a verdade é que, no caso português, só dezoito anos após a instituição da democracia se pode dizer que surgiu um conjunto integrado e coerente de orientações para a avaliação, baseado em princípios mais consistentes com uma visão progressista da educação, do ensino e da aprendizagem.

Shepard (2000; 2001) também considera que os desenvolvimentos curriculares dos últimos cem anos e, muito particularmente, dos últimos vinte, estão dando origem à substituição do *Currículo da Eficiência Social*, que fez uso dos princípios da gestão científica aplicando-os às escolas, por uma *Visão Reformada do Currículo* inspirada em teorias construtivistas, socioculturais e cognitivistas das aprendizagens.

Em termos gerais pode-se dizer que o *Currículo da Eficiência Social* predominou nos sistemas educacionais do chamado mundo ocidental durante todo o século XX, começando a perder influência prática a partir dos anos 70 e 80, dependendo dos países (a perda de influência teórica inicia-se cerca de cinquenta anos antes!). Porém, parece-me mais ou menos evidente que a influência dessa visão curricular ainda perdura, ou perdurou até há poucos anos, nas práticas de muitos sistemas educacionais. Pensemos, por exemplo, na definição exaustiva de objetivos comportamentais ou na distribuição dos alunos por turmas, de acordo com as competências que revelam, ou no uso sistemático de testes objetivos para medir as aprendizagens. Algumas das ideias que sustentam essa abordagem curricular são hoje claramente questionadas e até repudiadas, como é o caso das que defendiam que só uma minoria dos alunos podia estudar disciplinas ditas acadêmicas ou científicas para dar continuidade a seus estudos nas universidades ou como é o caso das que defendiam que nem todos os alunos podiam aprender. Como resultado desses e de outros princípios, surgiam currículos mais ou menos diversificados, destinados a grupos diferenciados de alunos, com conteúdos de natureza mais utilitária do que acadêmica e com a ideia de que as aprendizagens dos alunos podiam ser medidas objetivamente e com exatidão por instrumentos apropriados.

A chamada *Visão Reformada do Currículo*, na perspectiva de Shepard (2001), integra os contributos das teorias construtivistas, cognitivistas e socioculturais das aprendizagens. Porém, penso que não se poderá ignorar outro tipo de contributos, nomeadamente de natureza sociológica, sociopolítica, filosófica ou antropológica. Os princípios que Shepard enuncia e os quais orientam aquela abrangente visão curricular são:

- todos os alunos podem aprender;
- os conteúdos devem desafiar os alunos e estar orientados para a resolução de problemas e para os processos complexos de pensamento;
- independentemente da diversidade dos alunos, a igualdade de oportunidades deve estar ao real alcance de todos;

- todos os alunos são socializados nos "discursos" e nas práticas das chamadas disciplinas acadêmicas;
- os alunos adotam hábitos de reflexão e atitudes favoráveis ao desenvolvimento das aprendizagens; e
- os alunos exercem práticas democráticas numa comunidade responsável e empenhada (ibidem, p.1074).

Um currículo com esse tipo de princípios e com os contornos que se descreveram exige naturalmente uma avaliação de natureza distinta em que, nomeadamente: a) as tarefas sejam suficientemente desafiadoras para os alunos; b) haja uma clara preocupação com os processos de aprendizagem e também, naturalmente, com os produtos; c) a avaliação seja contínua e integrada no processo de ensino e aprendizagem; e d) os alunos participem ativamente no processo de avaliação.

## Terceira razão: democratização dos sistemas educativos

O acesso de todas as crianças e jovens ao bem da educação é uma conquista das sociedades democráticas. Percebe-se que, em última análise, a consolidação e o desenvolvimento das democracias dependem do que formos capazes de fazer nos domínios da educação, da ciência e da cultura. Em certo sentido, todo o restante poderá ser uma consequência do investimento que fizermos naqueles domínios da atividade humana. Ter todas ou praticamente todas as crianças e jovens nas escolas, apesar de ser uma importante conquista das sociedades, exige que estejamos atentos à adequação do serviço que lhes é prestado. Analisemos as seguintes questões que são, ou deveriam ser, preocupações muito concretas de todos os sistemas educacionais.

- Será que todos os alunos têm as mesmas oportunidades para aprender?
- Será que todos recebem *feedback* adequado relativamente a seus progressos e dificuldades?

- Será que todos podem ir tão longe quanto suas motivações, interesses e saberes lhes permitirem?
- Será que todos, em suas diferenças, sejam quais forem, se sentem plenamente integrados e veem satisfeitas suas legítimas aspirações?
- Será que a todos é proporcionada uma educação e uma formação que lhes permitam integrar-se plena e dignamente na sociedade?

São questões que devemos formular e cujas respostas, como sabemos, estão ainda longe de ser francamente positivas.

Mas o que a necessidade de mudarmos e melhorarmos a avaliação das aprendizagens dos alunos tem que ver com a democratização dos sistemas educacionais? Eu diria que muito! Na verdade, as formas de organizar a avaliação podem motivar ou desmotivar os alunos, podem constituir importantes alavancas para superar obstáculos ou ser, elas mesmas, mais um obstáculo a superar, podem ajudar os alunos a estudar e a compreender bem suas limitações e potencialidades ou, muito simplesmente, desinteressá-los. A avaliação pode e deve ter um papel relevante no desenvolvimento de aprendizagens complexas, no desenvolvimento moral e no desenvolvimento socioafetivo dos alunos. A avaliação pode segregar ou pode integrar. Pode melhorar a autoestima dos alunos, pode piorá-la ou, em casos extremos, pode mesmo destruí-la. Pode orientar o percurso escolar dos alunos ou pode afastá-los de qualquer percurso!

Na verdade, a avaliação, quando convenientemente planejada, tem um impacto muito relevante nos sistemas educacionais porque:

- orienta os estudantes acerca dos saberes, das capacidades e das atitudes que eles têm de desenvolver;
- influencia sua motivação e percepção do que é importante aprender;
- estrutura a forma como os alunos estudam e o tempo que dedicam ao trabalho acadêmico;
- melhora e consolida as aprendizagens;
- promove o desenvolvimento dos processos de análise, síntese e reflexão crítica;

- desenvolve os processos metacognitivos, o autocontrole e a autorregulação.

Quaisquer mudanças e melhorias que se queiram introduzir nos sistemas educacionais, tendo em vista sua real democratização, têm necessariamente de ser acompanhadas de esforços que nos permitam repensar a teoria e a prática da avaliação das aprendizagens.

Só dessa forma poderemos esperar que as escolas respondam aos legítimos interesses e direitos das crianças, aos interesses e às aspirações das comunidades em que vivem e, como mencionei anteriormente, aos interesses de sociedades democráticas mais informadas e mais deliberativas.

# 2
# AVALIAÇÃO INTERNA:
## DOS FUNDAMENTOS E DAS PRÁTICAS

Conforme mencionei na *Introdução*, este capítulo se destina primordialmente a discutir e a analisar as principais características da *avaliação psicométrica* em contraste com as da chamada *avaliação alternativa*, que designo por *avaliação formativa alternativa*. É um capítulo em que procuro enquadrar conceitual e teoricamente os conceitos estruturantes da avaliação que se desenvolve nas salas de aula. Por isso, faço uma tentativa para que, de forma tão clara, sintética e simples quanto possível, se possam estabelecer relações entre perspectivas teóricas e práticas, tendo em vista uma fundamentação mais informada das decisões que se tomam relativamente a essas mesmas práticas.

Trata-se de um capítulo que pode contribuir, assim o espero, para que a avaliação interna, da responsabilidade exclusiva dos professores e das escolas, possa ser pensada, discutida e desenvolvida em termos mais congruentes com as exigências várias com que estamos confrontados no nível do currículo, das aprendizagens e do sistema educacional em geral. Tenho a ideia de que os professores, os técnicos de educação e de formação e as comunidades educativas sentem, cada vez mais, necessidade de enquadrar conceitualmente o que fazem ou o que pretendem fazer. Porque assim se sentem mais *acompanhados*, mais bem preparados e mais capazes de enfrentar os desafios e as dificuldades. Oxalá este capítulo possa contribuir, ainda que modestamente, para que assim aconteça.

## Da avaliação como medida à avaliação formativo-alternativa (AFA)

Guba e Lincoln (1989) distinguem quatro gerações de avaliação que, na opinião deles, correspondem a outras tantas perspectivas, abordagens, significados ou conceitualizações, possíveis de identificar ao longo dos últimos cem anos. Esses autores referem que a evolução dos significados que foram sendo atribuídos à avaliação não pode ser desvinculada dos contextos históricos e sociais, dos propósitos que se pretendiam alcançar ou das convicções filosóficas dos que tinham algo que ver com a concepção, o desenvolvimento e a concretização das avaliações. Consideram ainda que, ao longo dos tempos, as conceitualizações de avaliação se tornaram mais complexas e sofisticadas.

Muito sucintamente, caracterizam-se a seguir as três primeiras gerações identificadas e discutidas por Guba e Lincoln.

## A avaliação como medida

Na primeira geração, conhecida como a *geração da medida*, avaliação e medida eram sinônimos. Isto é, a ideia que prevalecia era a de que a avaliação era uma questão essencialmente técnica que, por meio de testes bem construídos, permitia medir com rigor e isenção as aprendizagens escolares dos alunos. A inspiração para essa concepção vem dos testes destinados a medir a inteligência e as aptidões, que se desenvolveram na França por Alfred Binet e Théodore Simon em 1905, os quais dariam origem ao chamado coeficiente de inteligência, resultante do cociente entre a *idade mental* e a *idade cronológica* das pessoas. Esse tipo de *teste mental* foi largamente empregado para fins de recrutamento, encaminhamento e orientação de jovens para as Forças Armadas e acabaram por se tornar cada vez mais populares em alguns sistemas educacionais nos primórdios do século XX.

Referi-me aqui a dois fatores que, na opinião daqueles autores, influenciaram essa primeira geração de avaliação. Um tem que ver com uma questão de afirmação dos estudos sociais e humanos que começavam a ser realizados na Inglaterra, nos Estados Unidos, na Alemanha e na França, em particular no contexto dos sistemas educacionais e dos sistemas de saúde. Os marcantes e significativos sucessos da Matemática e das Ciências Experimentais, que ocorreram ao longo do século XVIII e princípios do XIX, foram também o sucesso dos métodos que lhes eram próprios, em particular o método científico. A investigação em ciências sociais, sem método e sem uma base sistemática de *ataque* aos problemas, era pressionada ou aconselhada, nomeadamente por Stuart Mill, a seguir o método experimental, a fim de se afirmar na comunidade científica e de obter credibilidade (Guba e Lincoln, 1989; Madaus e Stufflebeam, 2000). Ora, os testes e outros instrumentos destinados a medir aptidões ou aprendizagens humanas permitiam quantificá-las, compará-las ou ordená-las em uma escala. De fato, era possível trabalhar matematicamente os seus resultados e proceder a um conjunto de transformações que poderiam servir a uma variedade de finalidades. Essa quantificação das aprendizagens, das aptidões ou das inteligências dos alunos permitia seguir o modelo científico e obter a credibilidade que se pretendia para os estudos sociais e humanos.

O outro fator que acabou por ter uma importante influência no desenvolvimento e na utilização dos testes para fins educativos foi a emergência do movimento da *gestão científica* no mundo da Economia. O que, no fundo, se procurava era tornar o mais eficiente, eficaz e produtivo possível o trabalho dos seres humanos através de métodos de gestão, que não cabe aqui discutir ou especificar. A sistematização, a padronização e a eficiência caracterizavam o essencial desse movimento que teve em Fredrick Taylor seu principal teórico. Madaus e Stufflebeam (2000), ao caracterizarem as diferentes *idades* da avaliação que, na opinião deles, se desenvolveram a partir de 1792 até nossos dias, consideram o período compreendido entre 1900 e 1930 a *Idade da Eficiência e dos Testes* e sublinham a influência do trabalho e das ideias de Taylor no mundo da educação.

Na verdade, as concepções essenciais do *taylorismo* foram rapidamente adotadas pelos sistemas educacionais que, para muitos educadores e responsáveis políticos, passaram a ser vistos como análogos às organizações empresariais. Ora, os testes acabavam por ter um papel determinante para verificar, para medir, se os sistemas educacionais *produziam* bons *produtos* a partir da matéria-prima disponível – os alunos. Só nos Estados Unidos foram elaborados, nessa altura, milhares de testes estandardizados. Uma bibliografia indicava que, em 1933, havia mais de 3.500 testes construídos. Em 1945, a mesma autora, Gertrude Hildreth, publicou outra com 5.200!

As concepções que são características dessa geração ainda têm uma considerável influência nos sistemas educacionais atuais. Trata-se, como vimos, de uma conceitualização em que avaliação e medida são sinônimos. Em termos práticos, de sala de aula, pode significar que a avaliação se reduz a pouco mais do que à administração de um ou mais testes e à atribuição de uma classificação em períodos determinados. Ou seja, uma perspectiva em que:

- classificar, selecionar e certificar são as funções da avaliação por excelência;
- os conhecimentos são o único objeto de avaliação;
- os alunos não participam no processo de avaliação;
- a avaliação é, em geral, descontextualizada;
- privilegia-se a quantificação de resultados em busca da objetividade e procurando garantir a neutralidade do professor (avaliador); e
- a avaliação é referida a uma norma ou padrão (por exemplo, a média) e, por isso, os resultados de cada aluno são comparados com os de outros grupos de alunos.

## A avaliação como descrição

A segunda geração procurou superar algumas das limitações detectadas nas avaliações da primeira. Uma delas está diretamente relacionada ao fato de os conhecimentos dos alunos serem considerados os únicos objetos de avaliação. A certa altura acabou por se considerar que seria muito redutor avaliar um sistema educacional apenas com base nos resultados dos alunos. Há muitos outros fatores que têm de ser considerados e envolvidos num processo que, por exemplo, tenha relação com a revisão dos currículos existentes. Guba e Lincoln (1989) referem que os avaliadores, perante objetivos educacionais previamente definidos, tinham como principal meta descrever padrões de pontos fortes e de pontos fracos. Por isso se referem à *geração da descrição*, que não se limita a medir, mas vai um pouco mais além ao descrever até que ponto os alunos atingem os objetivos definidos. A medida deixou de ser sinônimo de avaliação. Passou a ser um dos meios a seu serviço e, por isso, muitas das perspectivas anteriores mantêm-se presentes nas abordagens de avaliação. Ralph Tyler, um pesquisador e avaliador norte-americano, é mencionado como personagem de grande influência nessa geração, pois foi ele quem, pela primeira vez, se referiu à necessidade de se formularem objetivos para que se pudesse definir mais concretamente o que se estava avaliando. Tyler, já nas décadas de 1930 e 40, tinha uma concepção de currículo como um conjunto planejado e ampliado de experiências formativas que ocorriam na escola, destinadas a contribuir para que os alunos pudessem atingir um conjunto de objetivos previamente definidos. *Avaliação educacional* foi a expressão que escolheu para designar o processo de avaliação do cumprimento ou não dos objetivos definidos. Para muitos autores e pesquisadores (em geral, Guba e Lincoln, 1989; Madaus e Stufflebeam, 2000) Ralph Tyler é referido como *o pai da avaliação educacional* pelo trabalho que desenvolveu ainda nos anos 30 e 40 do século XX e o qual, ao longo de 25 anos, veio a ter uma influência muito significativa na educação e na avaliação, em particular com base no uso de testes. Talvez por isso mesmo Madaus e Stufflebeam (2000) designam o período de avaliação decorrido entre 1930 e 1945 como a *Idade Tyleriana*. A influência das perspectivas de Tyler é visível em muitas das avaliações que se desenvolvem nos sistemas educativos atuais. A grande diferença em relação à conceitualização anterior é o fato de se formularem objetivos comportamentais e de se verificar se eles são ou não atingidos pelos alunos. Pode-se talvez falar em uma função reguladora da avaliação, embora sem a sofisticação teórica e prática que hoje lhe é atribuída, e na preocupação em conceitualizar o currículo de forma abrangente. Mas persistem todas as outras características da avaliação da geração anterior.

## A avaliação como juízo de valor

A terceira geração, designada por Guba e Lincoln (1989) como a *geração da formulação de juízos de valor* acerca das aprendizagens, do sistema educacional ou de qualquer outro objeto, nasce, tal como a segunda, da necessidade de superar falhas ou pontos fracos na avaliação da geração precedente. Sentiu-se que se deveriam fazer esforços para que as avaliações permitissem formular juízos de valor acerca dos objetos de avaliação. Assim, os avaliadores, mantendo as funções técnicas e descritivas das gerações anteriores, passariam também a desempenhar o papel de *juízes*. Apesar de um conjunto de reações quanto a essa implicação da emissão de juízos de valor, a verdade é que, a partir dos finais da década de 1960, todas as abordagens de avaliação, independentemente das suas diferenças, estavam de acordo nesse ponto.

Essa geração de avaliação fica marcada pelo lançamento do *Sputnik*, pela então União Soviética, em 1957. O Ocidente temia ficar para trás na corrida ao espaço e receava que o desenvolvimento científico e tecnológico da União Soviética fosse muito superior. Houve então uma generalizada reação com uma importante expressão no desenvolvimento de reformas educacionais orientadas à promoção, em especial, do ensino da Matemática e das Ciências. Os países mais desenvolvidos da Europa e os Estados Unidos fizeram investimentos muito significativos na avaliação dos currículos, dos projetos e das aprendizagens dos alunos porque queriam se certificar de que os novos currículos obedeciam aos critérios de qualidade que se pretendia alcançar. Foi uma época de grande expansão e desenvolvimento da avaliação e, talvez por isso, Madaus e Stufflebeam (2000) chamaram esse período, entre 1958 e 1972, de a *Idade do Desenvolvimento*.

É, de fato, nessa geração que a avaliação amplia muito seus horizontes e se torna claramente mais sofisticada do ponto de vista teórico. Surge, em 1967, por intermédio de Michael Scriven, a distinção entre o conceito de *avaliação somativa*, mais associada à prestação de contas, à certificação e à seleção, e o conceito de *avaliação formativa*, mais associada ao desenvolvimento, à melhoria das aprendizagens e à regulação dos processos de ensino e de aprendizagem (Nevo, 1986; Scriven, 1967).

Bloom, Hastings e Madaus (1971) apresentam nessa fase um conjunto de perspectivas sobre a organização do ensino e sobre a avaliação das aprendizagens. Para esses autores, a avaliação formativa tinha um papel crucial nas ações didáticas que o professor deveria empreender como resultado das eventuais dificuldades de aprendizagem dos alunos. Nessas condições e tal como afirma Allal (1986), a avaliação formativa constituía um processo indissociável de qualquer tentativa de individualizar o ensino ou de desenvolver uma *pedagogia para a maestria*, expressão utilizada primeiro pelos behavioristas e neobehavioristas.

Verificamos assim que conceitos como o de *avaliação formativa* e mesmo o de *pedagogia para a maestria* surgem no âmbito dos desenvolvimentos teóricos do behaviorismo e são posteriormente integrados nos quadros conceituais de outras perspectivas teóricas, como a família de perspectivas que se abriga sob o chapéu do cognitivismo. Essa família, em muitos casos, assumiu e integrou contributos da Sociologia, da Antropologia e da Psicologia Social, o que lhe permitiu dar outra profundidade e densidade àqueles conceitos. Na verdade, são múltiplas as diferenças de entendimento entre behavioristas e cognitivistas acerca da avaliação formativa. Os primeiros usam-na mais frequentemente na análise de resultados, em um quadro de definição de objetivos muito específicos (comportamentais) e de tarefas que testam cada um desses objetivos, ao passo que os segundos utilizam-na mais na análise dos processos de aprendizagem dos alunos em um quadro de definição mais abrangente e integrada de objetivos e de tarefas que avaliam um leque mais amplo e integrado de saberes. Há, obviamente, outras diferenças que irão se desenvolvendo ao longo do texto, em momentos mais oportunos.

É no âmbito da *geração da avaliação como juízo de valor*, também designada por alguns como a *geração da avaliação como apreciação do mérito*, que começam a surgir ideias como:

- a avaliação deve induzir e/ou facilitar a tomada de decisões que regulem o ensino e as aprendizagens;
- a coleta de informação deve ir além dos resultados que os alunos obtêm nos testes;
- a avaliação tem de envolver professores, pais, alunos e outros atores;
- os contextos de ensino e de aprendizagem devem ser tidos em conta no processo de avaliação; e
- a definição de critérios é essencial para que se possa apreciar o mérito e o valor de um dado objeto de avaliação.

No entanto, a expressão concreta, nas salas de aula e nas escolas, dessas ideias era (ainda é?) praticamente inexistente. Elas existiam fundamentalmente no nível de recomendações decorrentes de elaborações teóricas em que se evidenciavam a complexidade dos processos de ensino e de aprendizagem e a necessidade de encontrar uma avaliação que fosse congruente com essa mesma complexidade. Na verdade, muitos autores, para além de Guba e Lincoln, reconhecem, explícita ou implicitamente, que há limitações teóricas e práticas importantes nas três perspectivas de avaliação que acabaram de ser descritas (e.g., Abrecht, 1991; Bonniol e Vial, 1997; Cardinet, 1991; Gardner, 1991; Gardner e Hatch, 1989; Gipps, 1994; Gipps e Stobart, 2003; Hadji, 1992; Jorro, 2000; Perrenoud, 1998; e Shepard, 2000; 2001).

# Síntese e limitações das três gerações de avaliação

Ao longo das três gerações que foram discutidas sucintamente verificou-se que a avaliação foi se tornando mais complexa e mais sofisticada, evoluindo muito no nível dos métodos utilizados, dos objetos de avaliação considerados ou dos propósitos ou finalidades. De uma concepção inicial muito limitada, redutora e essencialmente técnica, evoluiu-se para uma concepção mais sistêmica e abrangente com a sistemática apreciação do mérito e do valor dos objetos avaliados, que deixaram de ser exclusivamente as *coisas* relativas aos alunos para passarem a incluir professores, projetos, currículos, programas, materiais, ensino ou políticas.

Em suma, poder-se-á dizer que, nesta altura, nas décadas de 1970 a 80, era relativamente consensual conceber a avaliação como um processo deliberado e sistemático de coleta de informação sobre um ou mais objetos, a fim de se poder formular um juízo acerca do seu mérito e/ou do valor que permitisse a tomada de decisões (*Joint Committee on Standards for Educational Evaluation*, 1981). No entanto, segundo Guba e Lincoln (2000), as três gerações, em seu conjunto, apresentam três importantes limitações.

1. tendência para as avaliações de programas, de instituições ou de sistemas educacionais refletirem os pontos de vista de quem as encomenda ou as financia que, verdadeiramente, nunca são postos em causa ou considerados corresponsáveis, mesmo que também tenham responsabilidades diretas no objeto de avaliação. Normalmente, as responsabilidades pelas *falhas* dos sistemas educacionais tendem a ser distribuídas quase exclusivamente pelos professores e pelos alunos, ficando de fora todos os outros atores.
No caso concreto da avaliação das aprendizagens a tendência é, muitas vezes, a de se verem refletidos apenas os pontos de vista dos professores, como únicos juízes nos processos de avaliação interna, ou da administração educacional nos processos de

avaliação externa. Assim, nesses casos, as responsabilidades pelas *falhas* nas aprendizagens são, invariavelmente, atribuídas apenas aos alunos.

2. Dificuldade de as avaliações *acomodarem* a pluralidade de valores e de culturas existentes nas sociedades atuais. Isso também se poderá dizer relativamente às dificuldades daquelas abordagens de avaliação em diversificar seus procedimentos e em promover uma articulação mais positiva e significativa com o ensino. É um fato que os jovens estudantes das nossas comunidades são provenientes de meios sociais e culturais cada vez mais diversificados e, consequentemente, há necessidade de enfrentar essa realidade também no domínio da avaliação.

3. Excessiva dependência do método científico que se traduz em avaliações pouco ou nada contextualizadas, com excessiva dependência da concepção de avaliação como medida e em uma certa irredutibilidade das avaliações que se fazem, porque, segundo os seus teóricos, estão apoiadas em um método que, se bem empregado, dá resultados muito dificilmente questionáveis. Há, nessa perspectiva, uma orientação para os processos de quantificação pela utilização de instrumentos considerados neutros, normalmente testes, que *medem com rigor e objetividade* o que os alunos sabem. É a chamada *avaliação científica*. Dessa forma, os avaliadores nunca são postos em causa porque a adesão ao método científico liberta o avaliador de quaisquer responsabilidades. Os avaliadores são neutros, não *contaminam* o processo de avaliação nem são *contaminados* por ele.

Em termos práticos, pode-se dizer que aquelas três gerações de avaliação, cujas concepções parecem continuar a prevalecer com maior ou menor expressão nos sistemas educacionais, estão dependentes de modelos teóricos que se adaptam com muita dificuldade aos currículos atuais, às novas visões sobre as aprendizagens e às exigências de democratização efetiva de sistemas complexos e cultural e socialmente tão diversos. No caso concreto do sistema educacional português, são bem evidentes as dificuldades que podem estar relacionadas com a predominância daquelas concepções de avaliação, bem mais orientadas para as classificações e para a certificação do que para a orientação, para a regulação e para a melhoria das aprendizagens (Cortesão, 1993; Fernandes, 1992; 1997; IIE, 1992b; Lemos et al., 1992).

## A avaliação como negociação e construção

Partindo das limitações que acabamos de discutir, Guba e Lincoln (1989) propõem uma quarta geração de avaliação que constitui uma verdadeira ruptura epistemológica com as anteriores. Trata-se de uma geração que, supostamente, deverá dar resposta às limitações atribuídas às três gerações anteriores. No entanto, os autores reconhecem que esta quarta geração também não está isenta de dificuldades e limitações admitindo que, eventualmente, no futuro, terá de ser revista em seus pressupostos, concepções e métodos, ou vir mesmo a ser completamente posta de lado. Parece-me que essa humildade dos autores indicia, entre outras coisas, uma inteligente prudência e a consciência da complexidade associada à prática social da avaliação. Na verdade, poderemos nos interrogar se os sistemas educativos e, mais concretamente, as pessoas que neles trabalham, *aguentam* certo tipo de modificações ou rupturas radicais no que se refere à avaliação das aprendizagens ou em relação a outra matéria qualquer.

Pensemos num exemplo. Vamos supor que, tal como sucede em alguns dos países mais desenvolvidos da Europa e um pouco na linha de reflexões desenvolvidas por Cardinet (1986), há cerca de vinte anos, se determinava para um dado sistema educacional que:

- não se poderiam reter (reprovar) alunos na educação básica;
- deixariam de ser atribuídas quaisquer classificações numéricas antes do 9º ano de escolaridade, que seriam substituídas por apreciações escritas de índole qualitativa; e
- a avaliação era, obrigatoriamente, de natureza formativa.

Estou certo de que essas medidas gerariam fortes reações contraditórias e, provavelmente, bastante apaixonadas em sociedades com maior tradição de emprego da avaliação para efeitos de classificação e de certificação, como é o caso da sociedade portuguesa. Seriam certamente apoiadas por uns setores da sociedade e repudiadas por outros, incluindo, em ambos os casos, professores, pesquisadores e educadores. Mas a questão é também a de saber se o sistema educacional e as pessoas que nele trabalham e as que, em certa medida, dele dependem *aguentariam* esse tipo de medida, mesmo que devidamente planejada e com meios que pudessem suportá-la. Por outro lado, falta saber como uma dada sociedade reagiria a essas medidas. As concepções, as culturas, os saberes e os valores das pessoas têm aqui um papel muito importante e as resistências a medidas daquela natureza, por muito sustentadas e acertadas que fossem, seriam, muito provavelmente, insuportáveis.

São muitos os exemplos de medidas essencialmente adequadas e bem fundamentadas que, por qualquer razão, não conseguiram fazer seu caminho nos sistemas educacionais. Ainda me recordo dos problemas, das dificuldades e das resistências várias que, em 1992, decorreram da publicação de legislação que privilegiava o emprego da avaliação formativa nas salas de aula do sistema educacional português (Despacho 98-A/92). Esse despacho legal é hoje unanimemente considerado uma referência no domínio da organização de um sistema educacional baseado em perspectivas formativas de avaliação. E sabemos bem quão difícil tem sido para professores, alunos, pais e outros atores tornar a avaliação formativa uma realidade palpável nas escolas da educação básica. Mas o mesmo tipo de situação foi vivida em outros países. Lembro-me de um programa modelar no domínio da Matemática destinado às escolas fundamentais e médias do estado da Califórnia, nos Estados Unidos, que foi pura e simplesmente abandonado porque, aparentemente, não levou em conta as dificuldades sentidas pelos professores e pelas escolas. Ou de um programa de avaliação externa na Inglaterra, no início da década de 1990, aplaudido pela maior parte da comunidade científica internacional pela qualidade das tarefas propostas e pelas inovadoras formas de administração, que acabaram com a estandardização, e que foi abandonado ao fim de três anos por razões de natureza técnica relacionadas com a falibilidade, mas, sobretudo, porque pais, alunos e professores o acharam demasiado exigente. O resultado foi a volta aos testes de múltipla escolha! E outros exemplos poderiam ser aqui apresentados.

Por isso, como já mencionei, parece-me prudente e sensato o realismo e a humildade com que Guba e Lincoln encaram *sua* geração de ruptura que se caracteriza por não estabelecer, de partida, quaisquer parâmetros ou enquadramentos. Estes serão determinados e definidos por um processo negociado e interativo com aqueles que, de algum modo, estão envolvidos na avaliação e que os autores designam por *avaliação receptiva* ou por *avaliação responsiva* (*responsive*). Por essa expressão parece-me que se pretende acentuar o fato de se ouvirem todos os que, de algum modo, estão envolvidos no processo de avaliação. De outro lado, é *construtivista*, expressão que designa não só a metodologia que efetivamente é posta em prática na avaliação, mas também a epistemologia que lhe está subjacente.

Julgo que poderemos inferir que grande parte da avaliação de quarta geração, de referência *construtivista*, está baseada em um conjunto de princípios, ideias e concepções das quais destacarei:

1. os professores devem partilhar o poder de avaliar com os alunos e outros atores e devem utilizar uma variedade de estratégias, técnicas e instrumentos de avaliação;
2. a avaliação deve estar integrada no processo de ensino e aprendizagem;
3. a avaliação formativa deve ser a modalidade privilegiada de avaliação com a função principal de melhorar e de regular as aprendizagens;
4. o *feedback*, nas suas mais variadas formas, frequências e distribuições, é um processo indispensável para que a avaliação se integre plenamente no processo de ensino-aprendizagem;
5. a avaliação deve servir mais para ajudar as pessoas a desenvolver suas aprendizagens do que para julgá-las ou classificá-las em uma escala;

6. a avaliação é uma construção social em que são levados em conta os contextos, a negociação, o envolvimento dos participantes, a construção social do conhecimento e os processos cognitivos, sociais e culturais na sala de aula; e
7. a avaliação deve empregar métodos predominantemente qualitativos, não se excluindo o uso de métodos quantitativos.

A avaliação de quarta geração, desenvolvida por Guba e Lincoln (1989), os trabalhos de Allal (1986), de Cardinet (1986), de Abrecht (1991), de Bonniol (1989), de Berlak (1992a; 1992b), de Hadji (1992), de De Ketele (1993), de Broadfoot (1994), de Gipps (1994), de Gipps e Stobart (2003), de Perrenoud (1998; 2001; 2004) e de tantos outros teóricos e pesquisadores, tem contribuído para o desenvolvimento de formas de avaliação das aprendizagens que se configuram como alternativas à avaliação predominante que Guba e Lincoln caracterizam nas três primeiras gerações.

## A avaliação formativa alternativa

Alguns autores (e.g., Gipps, 1994; Gipps e Stobart, 2003) designam por *avaliação alternativa* aquela que se baseia em princípios que decorrem do cognitivismo, do construtivismo, da Psicologia Social e das teorias socioculturais e sociocognitivas. Trata-se de uma avaliação mais interativa, mais situada nos contextos vividos por professores e alunos, mais centrada na regulação e na melhoria das aprendizagens, mais participativa, mais transparente e integrada nos processos de ensino e de aprendizagem. Ou seja, uma avaliação que, sendo eminentemente formativa em suas formas e em seus conteúdos, é *alternativa* à avaliação psicométrica, de matriz behaviorista, muito baseada na avaliação somativa e na ideia da avaliação como medida.

Outros autores são mais específicos e falam-nos de *avaliação autêntica* como é, por exemplo, o caso de Tellez (1996), de Wiggins (1989a; 1989b; 1998) e mesmo de Perrenoud (2001), de *avaliação contextualizada* (Berlak, 1992a; 1992b), de *avaliação formadora* (Nunziati, 1990; Abrecht, 1991), de *avaliação reguladora* (Allal, 1986; Perrenoud, 1988a; 1991), de *regulação controlada dos processos de aprendizagem* (Perrenoud, 1998) ou de *avaliação educativa* (Gipps, 1994; Gipps e Stobart, 2003; Wiggins, 1998). Independentemente de ênfases particulares inerentes a cada uma dessas conceitualizações resultantes das referências teóricas e concepções de seus autores, todas elas acabam por designar uma avaliação mais orientada para melhorar as aprendizagens do que para classificá-las, intrinsecamente associada ao ensino e à aprendizagem, devidamente contextualizada e em que os alunos têm um papel relevante a desempenhar. Vejamos, a título de exemplo, algumas características que, para Wiggins (1989a; 1989b), definem a *avaliação autêntica*:

- a avaliação inclui apenas tarefas contextualizadas;
- a avaliação utiliza problemas complexos;
- a avaliação deve contribuir para que os alunos desenvolvam o máximo possível suas competências;
- a avaliação exige a utilização funcional de conhecimentos dos conteúdos disciplinares;
- a tarefa e suas exigências são conhecidas antes da situação de avaliação;
- a avaliação exige certa forma de colaboração entre pares;
- a correção tem em conta as estratégias cognitivas e metacognitivas utilizadas pelos alunos;
- os critérios de correção são determinados fazendo referência às exigências cognitivas das competências visadas; e
- a autoavaliação faz parte da avaliação.

Analisando essas características, verificamos que a *avaliação autêntica* acaba por ser uma variável da avaliação formativa de inspiração cognitivista e construtivista. E a mesma coisa se passa com a *avaliação alternativa*, com a *avaliação contextualizada*, com a *avaliação formadora*, com a *avaliação reguladora*, com a *regulação controlada dos processos de aprendizagem* ou com a *avaliação educativa*.

Perante essa constatação, poderemos afirmar que cada uma dessas variantes corresponde, no essencial, a uma avaliação de natureza formativa. Não cabe no âmbito deste livro analisar em detalhe as idiossincrasias inerentes a cada uma daquelas *formas* ou *abordagens* de avaliação, mas devemos mencionar que, em alguns casos, há diferenças de conteúdo entre elas que não são desprezíveis. O que talvez nos pareça excessivo é considerar que cada uma representa um *paradigma* ou mesmo um *modelo* de avaliação. Não estão suficientemente *apoiadas* teórica e conceitualmente para tal.

Convém sublinhar que nenhuma das formas de avaliação formativa acima referidas tem que ver com a avaliação formativa de inspiração behaviorista cuja concepção é muito mais restrita e quase limitada à verificação da consecução de objetivos comportamentais. Allal (1986) afirmou que esse tipo de avaliação formativa dava origem a uma *regulação retroativa* das aprendizagens já que as dificuldades dos alunos não são detectadas *durante* mas, sim, *após* o processo de ensino e aprendizagem, em geral pelo chamado *teste formativo*, também conhecido como o que *não conta para a nota*. Investigações recentes sugerem que esse tipo de avaliação formativa, geralmente pontual, pouco ou nada interativo, exigindo pouca participação dos alunos e orientado para a verificação da consecução de objetivos comportamentais de reduzida exigência cognitiva, é o que parece prevalecer nos sistemas educacionais (e.g., Black & Wiliam, 1998a; Dwyer, 1998; Harlen e James, 1998).

É necessário sublinhar a diferença entre a avaliação formativa de inspiração behaviorista, que parece ser predominante nas práticas existentes, e a avaliação formativa de inspiração cognitivista que lhe é alternativa. Por isso julgo que a designação *Avaliação Formativa Alternativa* (AFA) é mais adequada do que *Avaliação Alternativa* ou do que qualquer uma das outras designações acima indicadas. Na verdade, o que tem sido construído teoricamente e o que se pretende pôr em prática é precisamente uma alternativa à avaliação formativa de natureza psicométrica ou behaviorista, com as características genéricas que já indiquei e não uma avaliação genérica qualquer. Esta é uma questão essencial para que se possa perceber que precisamos continuar a construir teoricamente e pôr em prática uma avaliação formativa alternativa àquela que habitualmente designamos, embora de modo inapropriado, por avaliação formativa (Fernandes, 2006a).

A avaliação formativa alternativa é um processo eminentemente pedagógico, plenamente integrado ao ensino e à aprendizagem, deliberado, interativo, cuja principal função é a de regular e de melhorar as aprendizagens dos alunos. Ou seja, é a de conseguir que os alunos aprendam melhor, com compreensão, utilizando e desenvolvendo suas competências, nomeadamente as do domínio cognitivo e metacognitivo. Para tanto, é necessário contar com o papel imprescindível dos professores, que deverão assumir responsabilidades como:

- organizar o processo de ensino;
- propor tarefas apropriadas aos alunos;
- definir prévia e claramente os propósitos e a natureza do processo de ensino e de avaliação;
- diferenciar suas estratégias;
- utilizar um sistema permanente e inteligente de *feedback* que apoie efetivamente os alunos na regulação de suas aprendizagens;
- ajustar sistematicamente o ensino de acordo com as necessidades; e
- criar um adequado clima de comunicação interativa entre os alunos e entre estes e os professores.

Mas é também necessário contar com os alunos que, nomeadamente, têm a responsabilidade de:

- participar ativamente nos processos de aprendizagem e de avaliação;
- desenvolver as tarefas que lhes são propostas pelos professores;
- utilizar o *feedback* que lhes é fornecido pelos professores para regularem suas aprendizagens;
- analisar seu próprio trabalho mediante seus processos metacognitivos e da autoavaliação;

- regular suas aprendizagens tendo em conta os resultados da autoavaliação e de seus recursos cognitivos e metacognitivos;
- partilhar seu trabalho, suas dificuldades e seus sucessos com o professor e com os colegas; e
- organizar seu próprio processo de aprendizagem.

Naturalmente que essas listas de responsabilidades de professores e alunos poderiam ser aumentadas, comentadas e analisadas, assim como poderiam ser assinaladas importantes responsabilidades dos encarregados de educação e de outros atores, mas esse não é o ponto relevante para discutir agora. O que importa ressaltar é que a avaliação formativa alternativa pressupõe uma partilha de responsabilidades entre alunos e professores em matéria de avaliação e de regulação das aprendizagens. Obviamente, os professores terão um papel que é, ou deve ser, preponderante em aspectos como a organização e a distribuição do processo de *feedback*, enquanto os alunos terão uma evidente preponderância no desenvolvimento dos processos que se referem à autoavaliação e à autorregulação de suas aprendizagens.

Para complementar o quadro já traçado da natureza e funções da avaliação formativa alternativa, parece-me oportuno sistematizar algumas das suas características mais relevantes:

- a avaliação é deliberadamente organizada para proporcionar um *feedback* inteligente e de elevada qualidade, tendo em vista melhorar as aprendizagens dos alunos;
- o *feedback* é determinante para *ativar* os processos cognitivos e metacognitivos dos alunos, que, por sua vez, regulam e controlam os processos de aprendizagem, assim como para melhorar a sua motivação e autoestima;
- a natureza da interação e da comunicação entre professores e alunos é absolutamente central porque os professores têm que estabelecer *pontes* entre o que se considera ser importante aprender e o complexo mundo dos alunos (o que eles são, o que sabem, como pensam, como aprendem, o que sentem, como sentem etc.);

- os alunos são deliberada, ativa e sistematicamente envolvidos no processo do ensino e aprendizagem, responsabilizando-se pelas suas aprendizagens e tendo amplas oportunidades para elaborarem suas respostas e partilharem o que e como compreenderam;
- as tarefas propostas aos alunos que, desejavelmente, são tanto de ensino, como de avaliação e de aprendizagem, são criteriosamente selecionadas e diversificadas, representam os domínios estruturantes do currículo e ativam os processos mais complexos do pensamento (analisar, sintetizar, avaliar, relacionar, integrar, selecionar);
- as tarefas refletem estreita relação entre as didáticas específicas das disciplinas, que se constituem como elementos de referência indispensáveis, e a avaliação, que desempenha um papel relevante na regulação dos processos de aprendizagem;
- o ambiente de avaliação das salas de aula induz uma cultura positiva de sucesso baseada no princípio de que todos os alunos podem aprender.

Em suma, é uma avaliação formativa com esse tipo de características que é necessário desenvolver nas salas de aula e, de acordo com os resultados da investigação, pode permitir melhorar significativamente as aprendizagens dos alunos (Black & Wiliam, 1998a; 1998b; Shepard, 2001; Stiggins, 2002; Stiggins, 2004). Trata-se de uma avaliação *para* as aprendizagens, no sentido em que deve contribuir inequivocamente para sua melhoria com a participação ativa dos alunos.

Ora, o que acontece muitas vezes é que o *feedback* ou a informação proporcionada não conduz a nenhuma ação, ou conjunto de ações, que elimine a diferença entre o que se pretende alcançar e o que efetivamente se alcançou. Nestes casos não estamos em presença de nenhuma avaliação formativa nem de nenhum *feedback* formativo. Estaremos em presença de uma avaliação de natureza somativa ou certificativa, correspondendo em muitos casos a uma prática pobre orientada para a atribuição de classificações. De fato, a investigação sugere que, em geral, as práticas de avaliação nas salas de aula são relativamente *pobres*, têm uma diversidade de *insuficiências* e há problemas vários que precisam de esclarecimento (Black & Wiliam, 1998a; 1998b; Boavida, 1996; Dwyer, 1998; Fernandes, 2006b; 2007a; Fernandes et al., 1996; Gil, 1997; Harlen & James, 1997; Jorro, 2000; Stiggins & Conklin, 1992; Stiggins, 2002; 2004). Vejamos alguns exemplos:

- a convicção por parte de muitos professores de que, mediante os testes, estão avaliando aprendizagens profundas, com compreensão, quando a pesquisa sugere que o que se está realmente testando são, de modo geral, mais os procedimentos rotineiros e algorítmicos e menos as competências no domínio da resolução de problemas;
- a correção e a classificação de testes e de quaisquer outras tarefas avaliativas dão, em geral, poucas ou nenhumas orientações aos alunos para melhorar, reforçando suas baixas expectativas e o baixo nível das aprendizagens;
- a tendência para se pensar que a avaliação desenvolvida pelos professores nas salas de aula é de natureza essencialmente formativa, apesar de a análise da realidade vir a demonstrar que muito poucas vezes será assim;
- a avaliação formativa, tal como recomendada na literatura, é por muitos considerada irrealista nos contextos das escolas e das salas de aula e as suas diferenças com a avaliação somativa e certificativa são cada vez mais tênues;
- a confusão entre a avaliação formativa e a avaliação certificativa ou somativa é um problema que parece indiciar que existirão poucas práticas de avaliação genuinamente formativa e/ou que os professores estão submersos em demasiadas avaliações para responder às exigências de ambas;
- a função certificativa e classificativa da avaliação, a atribuição de *notas*, está claramente sobrevalorizada em detrimento da função destinada a analisar o trabalho dos alunos para identificar necessidades e para melhorar as aprendizagens;

- a tendência, particularmente ao nível do ensino básico, para solicitar aos alunos uma quantidade, por vezes exagerada, de trabalhos, descuidando de sua qualidade e de sua relação com o desenvolvimento dos processos mais complexos de pensamento dos alunos;
- a tendência para comparar os alunos uns com os outros levando-os a crer que um dos propósitos principais da aprendizagem é a competição em vez do *crescimento* pessoal. Nessas condições o *feedback* avaliativo acaba por reforçar entre os alunos com mais dificuldades a ideia de que não são competentes, levando-os a crer que não são capazes.

A resolução dessas situações ou o enfrentamento destes e de outros problemas relativos ao desenvolvimento de uma avaliação formativa alternativa nas salas de aula requer, antes de mais nada, um aclaramento de natureza teórica. É necessário um quadro conceitual sólido que possa ser uma referência para o desenvolvimento da avaliação formativa. Um quadro que nos permita ter acesso a modelos que ajudem a melhorar as práticas, a clarear as ambiguidades e as contradições. Esse quadro estará, eventualmente, surgindo a partir das ideias e dos contributos teóricos e investigativos que se têm desenvolvido com particular dinamismo nos últimos trinta a quarenta anos e os quais tenho discutido ao longo deste livro e em outros trabalhos (e.g., Fernandes, 2005; 2006a; 2007c). Tal como afirma Perrenoud (2001), talvez um quadro conceitual de natureza transdisciplinar em que uma teoria da avaliação formativa pudesse ancorar-se, apoiar-se com segurança. Scriven argumenta e elabora a ideia da avaliação como disciplina científica, identificando os problemas, discutindo abordagens e modelos à luz de seus fundamentos epistemológicos, ontológicos, éticos e políticos. Curiosamente, alguns dos exemplos a que se refere como constituindo um obstáculo à afirmação científica da avaliação em geral referem-se precisamente à avaliação das aprendizagens e têm, direta ou indiretamente, que ver com a clarificação de conceitos tais como os de corrigir, classificar, ordenar, distribuir ponderações ou atribuir *pesos*, somativo, formativo, objetivo e subjetivo. De forma exemplar, Scriven sustenta que *reina* alguma confusão que se faz necessário esclarecer, no domínio da avaliação das aprendizagens (Scriven, 1994; 2000; 2003).

Como já assinalei anteriormente, a avaliação formativa alternativa é *atravessada* por um vasto conjunto de contributos teóricos, mais ou menos *abrigados* no paradigma construtivista e no cognitivismo, que vão das teorias da comunicação, sociocognitivas e socioculturais até à psicologia social, à sociologia e à ética. Mas, além disso, temos as contribuições das teorias do currículo, da aprendizagem e da didática. E ainda as questões de natureza política e ideológica! Só as questões políticas, ideológicas e éticas mostram-nos facilmente como é difícil a construção de uma teoria da avaliação das aprendizagens.

Estaremos, por enquanto, apenas no domínio da persuasão como parecem sugerir alguns autores quando se referem à avaliação em geral (Guba e Lincoln, 1989; 1994)?

É evidente que, ao contrário do que é sustentado por uma corrente significativa de estudiosos e pesquisadores, a avaliação não é uma disciplina exata e muito provavelmente nunca o poderá vir a ser. A avaliação que se *faz* no dia a dia das salas de aula talvez nunca seja demais dizê-lo, não é uma mera questão técnica, não é uma mera questão de construção e de utilização de instrumentos, nem um complicado exercício de *encaixar* conhecimentos, capacidades, atitudes ou motivações dos alunos numa qualquer categoria de uma qualquer taxonomia. Não, a avaliação é uma prática e uma construção social, é um processo desenvolvido *por* e *para* seres humanos que envolve valores morais e éticos, juízos de valor e questões de natureza sociocultural, psicológica e também política. No entanto, também me parece que, não sendo matéria exata, pode basear-se em sólidas e significativas evidências e, neste sentido, não será uma questão de convicção, crença ou persuasão.

Apesar da inexistência de uma teoria solidamente alicerçada, parece-me evidente que há, como vimos, um substancial corpo teórico que tem *informado* e continuará a *informar* práticas de avaliação formativa destinadas a melhorar as aprendizagens. Não podemos, como é óbvio, esperar pela chegada mais ou menos triunfal da teoria para avaliar melhor. A teoria constrói-se através da nossa interação com as realidades educacionais, da construção e reconstrução de pesquisas empíricas que vamos empreendendo, das análises que formos sendo capazes de realizar e das integrações e relações conceituais que descobrirmos e interpretarmos. E, além disso, não esqueçamos, há alunos, há professores, há escolas e há sistemas educacionais que não podem parar e que necessitam funcionar melhor.

## Para uma articulação das perspectivas francófonas e anglo-saxônicas de avaliação formativa

Uma concepção forte de avaliação formativa alternativa tem também que resultar de um esforço de articulação entre os contributos da literatura francófona, cujo conceito central é a *regulação dos processos de aprendizagem* e em que a avaliação formativa é vista como uma fonte de regulação, e os da literatura anglo-saxônica, que destacam a relevância do *feedback* e seu papel na melhoria das aprendizagens (Black & Wiliam, 1998a; Fernandes, 2006a; Perrenoud, 1998a; 1998b).

No caso dos pesquisadores francófonos temos uma perspectiva talvez mais teórica e elaborada, em que se destacam processos cognitivos que são *internos* ao aluno, como a metacognição, o autocontrole, a autoavaliação ou a autorregulação, e tendo em vista o desenvolvimento de modelos de ensino e de aprendizagem mais sofisticados e sistêmicos. Assim, nesta ideia, interessa sobretudo estudar como os alunos aprendem, a partir das teorias que se conhecem, para que se utilize uma avaliação formativa que os ajude a regular, por si mesmos, a aprendizagem. Nesse caso o *feedback* é um elemento a considerar, mas não essencial. O que parece ser essencial é estudar e perceber os processos cognitivos e metacognitivos internos dos alunos e intervir a partir daí para que eles próprios regulem suas aprendizagens. Na verdade, parece-me que os alunos desempenham um papel mais central e mais destacado pois, em última análise, a avaliação formativa funciona quase como um processo de autoavaliação em que a interferência do professor é reduzida ao mínimo. Perrenoud (1998b) chama-lhe a *regulação por defeito* pois os alunos, usando adequadamente a autoavaliação, são capazes de regularem suas aprendizagens e só precisam da colaboração dos professores como recurso pontual e esporádico. É uma perspectiva idealista, com claras influências das teorias sociocognitivas, muito orientada para a construção de modelos teóricos e enquadramentos conceituais e que, ainda de acordo com Perrenoud (1998a), está num certo impasse teórico e metodológico. Nestas condições, talvez possamos afirmar que é uma perspectiva que parece ter algumas dificuldades de concretização ou de operacionalização dada a natureza dos processos envolvidos e do seu enquadramento teórico (teorias da metacognição, teorias da aprendizagem). Perrenoud (1988a) chega mesmo a afirmar que é impossível ou quase impossível criar condições que permitam a concretização do trabalho pedagógico e organizativo que facilite a regulação. Seria necessário outro sistema, com novas escolas e outras lógicas, diz-nos este pesquisador suíço.

No caso dos pesquisadores anglo-saxônicos parece que estamos perante uma perspectiva mais pragmática, mais diretamente relacionada com o currículo e com as tarefas que os alunos têm de desenvolver, com o apoio e a orientação do professor. Por isso mesmo, o *feedback* é um conceito tão central na visão anglo-saxônica de avaliação formativa, pois é através dele que os professores comunicam aos alunos seu estado em relação às aprendizagens e às orientações que, supostamente, ajudarão a ultrapassar eventuais dificuldades. Num certo sentido, parece haver maior protagonismo do professor, as *coisas* parecem estar mais centradas em seus pensamentos e ações e menos nos dos alunos. Por exemplo, a autoavaliação é vista de uma forma talvez um pouco mais pragmática pois, apesar de ser um processo do aluno, aparece normalmente associada às orientações e apoios que o professor proporciona durante o processo de ensino--aprendizagem. Por outro lado, é manifesta e insistente a preocupação desses investigadores com a melhoria dos resultados mediante uma avaliação formativa muito associada a tarefas que expressem as exigências do currículo. Parece haver, associada a essa perspectiva, maior preocupação com a definição de critérios e padrões que, na opinião de seus defensores, a avaliação formativa não pode deixar de considerar.

Em suma, trata-se de uma visão mais pragmática da avaliação formativa com influências que parecem evidentes das teorias socioculturais já que há uma evidente preocupação com a regulação dos processos de interação pedagógica e, consequentemente, com os processos de comunicação entre alunos e professor e entre os alunos (Gipps, 1999; Shepard, 2000). Nesse sentido, talvez se possa dizer que há maior proximidade das realidades vividas nos sistemas educacionais, uma preocupação em, como se costuma dizer, *ir mais direto aos assuntos*, para procurar resolver os problemas.

## A regulação

De forma abreviada discutirei agora o conceito de regulação que, como temos visto, está intrinsecamente associado à avaliação formativa.

Allal (1986) apresentava a regulação interativa como um processo que vai para além do estrito desenvolvimento das aprendizagens na medida em que permite seu controle e moderação pela adoção de processos cognitivos e metacognitivos. Nestas condições, para que a regulação das aprendizagens possa ter lugar é também necessária a regulação dos processos cognitivos que, como se sabe, não são diretamente controláveis ou previsíveis. A regulação surge assim como uma espécie de extensão ou, se quisermos, como uma concepção mais sofisticada e exigente de avaliação formativa, sublinhando mais o que os alunos fazem e pensam durante o processo e menos o que os professores fazem.

Um pouco na mesma linha, Perrenoud (1998a) considera que a visão da avaliação formativa muito centrada no *feedback*, como é, por exemplo, defendida por Black & Wiliam (1998a), é limitada e que, por isso, é necessário dar-lhe outra amplitude conceitual.

E como? Precisamente através da regulação que é entendida como um processo deliberado e intencional que visa a controlar os processos de aprendizagem para que possa consolidar, desenvolver ou redirecionar essa mesma aprendizagem.

Há vários entendimentos acerca do conceito de regulação das aprendizagens. Desde os conceitos de *regulação retroativa*, *proativa* e *interativa* caracterizados por Allal (1986), passando pela *regulação controlada dos processos de aprendizagem* de Perrenoud (1998a), até a *regulação focada em aprendizagens situadas* de De Ketele (2001), há um conjunto de diferentes perspectivas que, no entanto, partilha a ideia comum de que os processos cognitivos e metacognitivos dos alunos desempenham um papel nuclear na regulação ou autorregulação de suas aprendizagens. Temos aqui uma ênfase claramente cognitiva ou, se quisermos, sociocognitiva numa avaliação formativa em que os alunos tomam parte bastante ativa, pela mobilização consciente de um conjunto de recursos, nomeadamente cognitivos, metacognitivos e afetivos. É uma perspectiva muito aliciante mas que, como já acima se referiu, enfrenta sérios problemas de concretização em ambientes de sala de aula não experimentalmente controlados.

Dificilmente se poderá falar de regulação das aprendizagens sem nos referirmos, ainda que muito sucintamente, ao seminal trabalho de Torrance & Pryor (2001) em que os autores *arrumam* as perspectivas de regulação das aprendizagens em duas grandes famílias: *regulação convergente* e *regulação divergente*.

No primeiro caso, o da regulação convergente, estamos perante uma regulação que está subordinada a um critério ou a um objetivo previamente estabelecido que, no fundo, orienta o processo de avaliação focando-o ou limitando-o à mera verificação da consecução do dito objetivo. É uma regulação de matriz behaviorista e psicométrica que, por norma, não está integrada no processo de ensino e aprendizagem, está centrada mais nos resultados do que nos processos e mais na utilização de testes objetivos do que na de tarefas abertas. Há, nessa perspectiva, uma preocupação em quantificar os resultados e em promover a chamada remediação das aprendizagens. A regulação retroativa referida por Allal (1986) pertence, com certeza, a essa família.

No segundo caso, o da regulação divergente, temos uma regulação substancialmente diferente, mais orientada para o desenvolvimento dos processos complexos de pensamento dos alunos, das aprendizagens profundas (com compreensão) e das estratégias de resolução de problemas. Para tal, são utilizadas tarefas mais abertas, mais complexas e mais diversificadas. A avaliação está, pois, mais centrada nos processos de aprendizagem e no desenvolvimento de um amplo leque de competências. A regulação divergente desenvolve-se num ambiente interativo em que é dada uma particular relevância aos processos metacognitivos e cognitivos dos alunos, à autoavaliação, ao autocontrole e, consequentemente, aos processos de autorregulação das aprendizagens. Os alunos assumem aqui um papel mais ativo. A avaliação autêntica referida por Wiggins (1989a; 1989b) ou a avaliação contextualizada de Berlak (1992a; 1992b) assim como a regulação interativa de Allal (1986), são exemplos que me parecem pertencer a esta família.

A avaliação formativa alternativa deve permitir conhecer bem os saberes, as atitudes, as capacidades e o estágio de desenvolvimento dos alunos, ao mesmo tempo que fornece indicações claras acerca do que é necessário fazer a seguir. No caso de ser necessário corrigir algo ou de melhorar as aprendizagens, torna-se imperativo que professores e alunos tenham ideias aproximadas acerca da qualidade do que se pretende alcançar. Consequentemente, o passo seguinte é o de regular a qualidade do trabalho que será desenvolvido, utilizando, nomeadamente, um conjunto de recursos cognitivos e metacognitivos que ajudem a eliminar qualquer eventual *distância* entre o que se conseguiu obter e o que se pretende obter. De fato, tal como refere Biggs (1998), só poderemos dizer que uma avaliação é formativa se os alunos, por meio dela, se conscientizarem das eventuais diferenças entre seu estado presente, relativamente às aprendizagens, e o estado que se pretende alcançar, assim como o que estarão dispostos a fazer para reduzi-las ou mesmo eliminá-las. Perrenoud (1998a) vai um pouco nessa linha quando afirma que todas as avaliações são formativas desde que contribuam para a regulação das aprendizagens.

Repare-se que um dos papéis dos professores quando falamos de avaliação *para* as aprendizagens, ou de avaliação formativa alternativa, é o de contribuir para o desenvolvimento das competências metacognitivas dos alunos, de suas competências de autoavaliação e também de autocontrole. Essas breves considerações estão no cerne de uma real avaliação formativa que só verdadeiramente o poderá ser se seus processos e resultados forem utilizados para ajustar, para regular, o ensino e, muito particularmente, as aprendizagens. Por isso são tão importantes os processos adotados por professores e alunos para concretizarem os ajustes e as regulações que se revelarem necessários.

## Relações entre a avaliação formativa alternativa e a avaliação somativa

Em geral, os professores podem assumir papéis bem distintos, quer como utilizadores da avaliação para melhorar as aprendizagens dos alunos, quer para julgar ou classificar seu trabalho ao longo de um período de tempo mais ou menos longo. Ou seja, de um lado, os professores utilizam uma qualquer variante de avaliação formativa, mais ou menos integrada no processo de ensino e aprendizagem, supostamente destinada a melhorar as aprendizagens dos alunos, com funções essencialmente reguladoras e moderadoras, mais ou menos interativa e que se desenvolve regularmente ao longo do ano. De outro, quando têm de certificar seus alunos perante a sociedade, usam a avaliação para atribuir classificações, para selecionar e, em última análise, para certificar seus alunos. Trata-se, nesse caso, de uma avaliação pontual, que só tem lugar em certos períodos do ano, assumindo mais sua natureza verdadeiramente certificativa nos finais de ciclo, que não está integrada no processo de ensino e aprendizagem e que não é interativa. De acordo com Perrenoud (2001), os professores assumem quer o papel de *professores-formadores,* quer o de *professores-examinadores*. Observados certos requisitos esta será, no dizer de Perrenoud, uma situação desejável, já que concilia duas lógicas que, em sua opinião, só aparentemente são contraditórias: a lógica da avaliação como regulação das aprendizagens e a lógica da avaliação como balanço, como súmula, como juízo, relativo ao que os alunos sabem e são capazes de fazer.

Nessas condições, parece interessante compreendermos os múltiplos efeitos deste tipo de situação, nomeadamente no que se refere ao tipo de avaliação que, efetivamente, os professores desenvolvem-se, às suas preocupações e dilemas principais, ao seu grau de consciência relativamente às duas lógicas em que, eventualmente, estarão funcionando. Uma interessante questão a investigar é a de saber se, na realidade, os professores *funcionam* nas duas lógicas e, no caso afirmativo, procurar saber como. Ou, então, pesquisar se alguma das lógicas se subordina à outra e procurar saber por que e como. O que sabemos da pesquisa internacional é que, em muitos países, os professores tendem a funcionar mais orientados para a atribuição de classificações do que para a análise das aprendizagens dos alunos (Alves, 1997; Antunes, 1995; Black & Wiliam, 1998a; 1998b; Boavida, 1996; Campos, 1996; Fernandes et al., 1996; Gil, 1997; Lobo, 1996; Neves, 1996; Stiggins & Conklin, 1992; Stiggins, 2001; 2004). Essa constatação não será alheia à utilização privilegiada de testes para avaliar as aprendizagens.

Sendo um fato o de que os professores terão de continuar a viver em coabitação com avaliações de natureza formativa e de natureza somativa e certificativa, é fundamental que a natureza, as funções e as características de cada uma sejam bem conhecidas. Não vou aqui elaborar acerca da natureza, funções e características da avaliação formativa alternativa porque já as discuti exaustivamente em seções anteriores. Quanto à avaliação somativa e certificativa também já se referiram os seus principais contornos.

Das questões de fundo relativas à relação entre a avaliação formativa alternativa e a avaliação somativa destaco as seguintes:

1. Que articulações e relações é possível estabelecer entre essas duas modalidades de avaliação?

2. Qual o papel dos professores no desenvolvimento de cada uma das modalidades?

Em relação à primeira questão, parece-me evidente que a avaliação formativa alternativa deve prevalecer e ser desenvolvida nos moldes que se preconizam neste livro. As informações recolhidas no processo de avaliação formativa podem e devem ser utilizadas nas avaliações somativas e certificativas de responsabilidade dos professores. É fundamental que esteja claro para professores, alunos, encarregados de educação e outros atores do processo educativo que os propósitos, os métodos e os conteúdos de cada uma dessas modalidades de avaliação são substancialmente diferentes. Eu diria que, a rigor, a avaliação formativa alternativa, concebida e estruturada da forma que aqui tenho sugerido, permite o levantamento de informação e o envolvimento e desenvolvimento dos alunos de tal modo que a avaliação somativa poderá acabar por consistir numa ponderada e profunda análise das evidências de aprendizagem que se obtiveram. Por isso, parece-me mesmo indispensável que a informação que se obtém ao longo do processo de ensino e aprendizagem seja primordial, seja devidamente evidenciada, nos momentos de balanço. Só que, e isso é central para que o processo não seja adulterado, *a avaliação formativa tem de ser mesmo formativa* e não um seu qualquer substituto de natureza somativa. Isso significa que a avaliação é planejada, integrada e vivida para que os alunos aprendam. Mas também que o *feedback* é o processo que vai permitir ao aluno ativar, entre outros, os processos cognitivos que lhe vão permitir vencer as dificuldades. E ainda, que a autoestima e a motivação intelectual dos alunos através desse mesmo *feedback* é outro elemento essencial.

Ora, se a prática for de avaliação verdadeiramente formativa há quem questione se há verdadeira necessidade da avaliação somativa e certificativa feita pelos professores. Na realidade, do estrito ponto de vista da melhoria das aprendizagens, a avaliação somativa mais diretamente associada à certificação, feita pelos professores, seria perfeitamente dispensável. Em geral, pode-se dizer que esse tipo de avaliação somativa não está integrada no ensino, não é utilizada sistematicamente para melhorar as aprendizagens, nem proporciona *feedback* que oriente os alunos. Ela serve para informar os alunos, os encarregados de educação e, se quisermos, a sociedade, acerca das aprendizagens que se desenvolveram no final de um período mais ou menos amplo de tempo. Dir-se-ia que sua relevância e importância é social e talvez política, mas não pedagógica. Em todo o caso, deve ser feita com rigor, articulando-se devidamente com os princípios, os métodos e os conteúdos da avaliação formativa alternativa.

Acerca dessa problemática alguns autores (Harlen & James, 1998) afirmam que a avaliação formativa tem uma dupla natureza. É *criterial*, porque, no decorrer do processo de ensino-aprendizagem-avaliação, professores e alunos analisam as aprendizagens à luz de critérios que se definem previamente; isto é, as aprendizagens dos alunos não são comparadas com algum padrão ou norma, mas analisadas em termos dos critérios definidos. É *ipsativa* porque se refere ao aluno, porque se compara o aluno consigo mesmo, tendo em conta aspectos como o esforço, o contexto em que o trabalho se desenvolve e seus progressos. De outro lado que a avaliação somativa ou certificativa tem igualmente natureza dual. Partilha a natureza *criterial* com a avaliação formativa e é *normativa*, isto é, compara as aprendizagens dos alunos com uma norma (uma média, por exemplo) ou com as aprendizagens de um dado grupo. O que essas autoras parecem querer dizer é que a avaliação formativa e a avaliação somativa ou certificativa estão fortemente relacionadas, até porque partilham sua natureza criterial e, por isso, um conjunto de critérios comuns. Bom, é uma forma de olhar para o problema que deve merecer ponderação, mas há questões que se poderão equacionar. Por exemplo: será que a avaliação formativa tem de ser de natureza criterial? Ou poderá orientar-se antes por referências mais abrangentes e complexas que orientem o desenvolvimento das aprendizagens? Partindo do princípio que a avaliação formativa é criterial, que diferenças haverá no uso dos critérios com a avaliação somativa? Qual será o real sentido desse tipo de concepção? Não estaremos a diluir as significativas diferenças existentes entre as duas modalidades de avaliação? O que me parece importante manter bem claro é que a avaliação formativa alternativa deve prevalecer porque é a que permitirá criar as melhores condições para o desenvolvimento de uma avaliação somativa mais sustentada e, com toda a certeza, mais justa e equitativa. Particularmente a avaliação somativa menos associada à atribuição de classificações e à certificação e que normalmente consiste em pontos de situação ou *balancetes* que se fazem com regularidade ao longo do processo educativo.

É bom não esquecer que a avaliação formativa alternativa, nos moldes em que aqui a conceitualizei, implica um envolvimento significativo dos alunos, nomeadamente mediante a autoavaliação e a autorregulação de suas aprendizagens. Este fato não é, de modo algum, desprezível num processo de avaliação somativa que se pretende devidamente articulado com a avaliação formativa alternativa.

No que se refere ao papel dos professores no desenvolvimento dessas modalidades de avaliação convém dizer que há diferenças significativas. No caso da avaliação formativa alternativa o professor tem um papel que, necessariamente, tem de estar muito sustentado e apoiado na didática, nos processos de comunicação, com particular realce para o *feedback*, no desenvolvimento dos processos de interação e na criação de um ambiente de sala de aula que valorize a participação responsável dos alunos. Os professores deverão cumprir uma variedade de importantes funções como: a) esclarecer e partilhar os objetivos de ensino e de aprendizagem; b) selecionar tarefas; c) partilhar os critérios de avaliação; d) delinear estratégias que facilitem a participação e o envolvimento ativo dos alunos na regulação das aprendizagens; e e) utilizar adequada diversidade de estratégias, técnicas ou instrumentos de recolha de informação. Nada nem ninguém poderá substituir o papel central que o professor deve desempenhar na promoção da autoestima e da motivação de seus alunos para aprenderem e para se envolverem ativamente na aprendizagem e na avaliação. Outras preocupações centrais dos professores no âmbito da avaliação formativa alternativa são:

- contribuir para melhorar as aprendizagens dos alunos, regulando ativamente seu ensino;

- contribuir para que os alunos aprendam com compreensão (daí a relevância da seleção das tarefas);
- produzir melhores avaliações e não mais avaliações;
- produzir *feedback* que vá para além da mera atribuição de uma classificação e possa orientar os alunos a superar eventuais problemas;
- dar mais tempo aos alunos para poderem responder, expressar as suas dúvidas, poderem mostrar o que sabem e podem fazer.

No que se refere à avaliação somativa e certificativa os professores terão um papel substancialmente diferente que poderá ser facilitado se a avaliação formativa alternativa decorrer conforme o que aqui se tem preconizado. Afinal, o que se pede na avaliação certificativa? Trata-se de fazer uma análise e interpretação de informação e de evidências de aprendizagem que permita a elaboração de uma apreciação global e integrada do que o aluno sabe e é capaz de fazer, tendo em conta um qualquer tipo de estado a atingir. Normalmente essa apreciação é traduzida por uma classificação numa dada escala, com ou sem descrição detalhada das competências demonstradas pelos alunos. O processo de atribuição de classificações é, em si mesmo, complexo e difícil de investigar e de apreender em todas as suas dimensões. Pais (1998), que desenvolveu um estudo sobre processos de classificação de professores, refere que a sua investigação permitiu concluir que:

- as professoras pretendem que a classificação expresse um conjunto complexo de constructos, para além do rendimento do aluno, como capacidades acadêmicas e atitudes;
- a classificação é entendida como uma retribuição pelo trabalho do aluno, com base numa concepção aberta de mérito;
- as classificações são atribuídas com diversas intenções, nomeadamente, punir ou gratificar o grau de empenho do aluno;
- a justiça é o valor que preside à atribuição de classificações, como expressão adequada do mérito do aluno, embora o entendimento daquele valor admita uma margem razoável de

flexibilidade, capaz de integrar outros valores, como a tolerância e a generosidade;
- as professoras valorizam a ponderação das consequências das classificações atribuídas em decisões problemáticas ou situações-limite (Pais, 1998, p.II).

Tais resultados podem questionar de forma dramática as concepções mais orientadas por uma visão objetiva e quantitativa da avaliação. Na verdade, verifica-se que há uma significativa subjetividade na atribuição de classificações que resulta de uma clara dimensão ética inerente ao processo de avaliação. Nessas condições, parece-me ganhar mais relevância o papel do professor durante o processo de avaliação formativa alternativa. Porque, afinal, parece sair reforçada a ideia de que é nesse contexto que os professores têm a possibilidade de criar condições que lhes permitam, de forma deliberada, delinear estratégias para integrar a subjetividade, nomeadamente a que decorre das questões éticas, nas suas práticas de avaliação. Uma estratégia promissora que é já uma recomendação clássica é a de envolver ativamente os alunos nos processos de aprendizagem e de avaliação. É este, finalmente, um dos papéis mais relevantes que um professor pode desempenhar. É dessa forma que, por estranho que possa parecer, os alunos poderão ter um papel bem mais ativo no processo da avaliação certificativa. Trata-se de uma questão cujo interesse parece justificar o desenvolvimento de pesquisas que permitam conhecer melhor seus contornos.

## Avaliação psicométrica e avaliação formativa alternativa

Não é objetivo deste livro aprofundar as questões filosóficas relacionadas com as formas como lidamos com a realidade e com o conhecimento e, naturalmente, se refletem nas concepções que desenvolvemos acerca da investigação educacional e, em particular, acerca da avaliação das aprendizagens. Nessas condições, a discussão foi circunscrita ao estritamente indispensável para que ficasse clara a relação estreita entre tais questões filosóficas e as perspectivas teóricas e políticas que sustentam as práticas de avaliação nas escolas e nos sistemas educativos em geral.

Para Guba e Lincoln (1994), um paradigma é um sistema básico de concepções, de natureza axiomática, de que um indivíduo é possuidor e que lhe proporciona uma certa visão do mundo e da sua natureza. Acaba por ser, como se refere Foucault (1979), um regime de verdade. Ou seja, um conjunto de práticas, procedimentos e discursos que dada comunidade científica utiliza e que acaba por determinar o que são, ou não, procedimentos legítimos de investigar ou de produzir conhecimento. O paradigma, em sua função normativa, dá indicações acerca dos métodos, procedimentos ou conhecimentos considerados, ou não, aceitáveis pela comunidade.

As concepções básicas que definem um paradigma de pesquisa podem ser sintetizadas a partir das respostas que forem dadas a questões de natureza *ontológica* (Qual é a forma e a natureza da realidade? Há uma realidade suscetível de ser conhecida ou estudada de forma objetiva? O que existe que possa ser conhecido?), de natureza *epistemológica* (Qual a natureza da relação entre aquele que quer conhecer e aquilo que se pensa que pode ser conhecido? Como quem quer conhecer se relaciona com o conhecimento?) e de natureza *metodológica* (Que procedimentos são utilizados por quem quer conhecer para descobrir o que pensa que pode ser conhecido?).

As respostas a essas questões permitem identificar diferentes paradigmas ou diferentes racionalidades, desde as empírico-racionalistas, mais próximas do positivismo, até as críticas ou sociocríticas, mais próximas do construtivismo. Abordarei apenas, muito sucintamente, as principais características do positivismo e do construtivismo porque me parecem suficientes para o que se pretende aqui ilustrar e enquadrar conceitualmente.

Numa concepção positivista há uma única realidade objetiva que pode ser estudada e explicada por pesquisadores independentes e neutros mediante o uso de uma metodologia de natureza essencialmente experimental em que o controle de variáveis tem uma importância primordial. Nessa perspectiva, a explicação da realidade, o conhecimento, desenvolvem-se através de um sucessivo e sistemático processo em que a validade interna e externa das investigações é relevante para o desenvolvimento teórico. Explicar, prever e controlar fenômenos são, numa ótica positivista, importantes objetivos dos cientistas.

Numa perspectiva construtivista, há múltiplas realidades resultantes de *construções* desenvolvidas pelas pessoas através dos significados ou dos sentidos que atribuem aos fenômenos que as rodeiam nos contextos em que vivem. Trata-se de uma perspectiva relativista que é questionada por muitos autores, não necessariamente positivistas, como Scriven (1986; 2000; 2003), um dos autores mais prolixos e referenciados na área da avaliação educacional, ou Howe (2003), outro autor de referência nas áreas da avaliação e investigação educacionais. Scriven (2000; 2003) sustenta que, ao afirmarem que tudo é relativo e que a verdade científica não é alcançável, as teorias relativistas se refutam a si próprias. Acerca da questão ontológica, este autor admite que há múltiplas perspectivas sobre uma realidade única e objetiva mas rejeita liminarmente a ideia das múltiplas realidades. Howe, por seu turno, defende uma *teoria da compatibilidade* entre paradigmas referindo, por exemplo:

> Os desacordos específicos entre *pós-modernistas* e *transformacionistas* – em questões epistemológicas, ontológicas e políticas – talvez sejam de natureza prática. Em todo caso, parece haver três pontos consensuais. Em primeiro lugar as *subjetividades* contam. Esta é uma implicação geral resultante da mudança interpretativa e da epistemologia construtivista que a acompanha. Em segundo, os *funcionamentos* sociais são irremediavelmente orientados por interesses, por poderes e por valores. E em terceiro, o fim último da pesquisa educacional deve ser a transformação para um sistema educacional mais justo e democrático e, em última análise, para uma sociedade mais justa e democrática (p.79).

Mas, retomando a caracterização do construtivismo, poderemos dizer que há múltiplas realidades que não se podem apreender na sua totalidade, mas que podem ser compreendidas contextualizadamente por pesquisadores que interagem com os participantes nas pesquisas, através de metodologias de natureza essencialmente dialética e hermenêutica. Nesta perspectiva, a compreensão da realidade, em vez de sua explicação, e o conhecimento desenvolvem-se através do recurso a construções e reconstruções dessa mesma realidade por parte dos participantes no processo investigativo. Compreender, interpretar e garantir a *confiabilidade* e a autenticidade são, numa ótica construtivista, importantes objetivos dos cientistas.

Parece-me ser oportuno observar aqui que é preciso considerar que as questões paradigmáticas, nomeadamente no que se refere ao paradigma construtivista, tal como discutidas por Guba e Lincoln (1994), devem ser contextualizadas no âmbito das Ciências Sociais e, em particular, das Ciências da Educação, cuja natureza é substancialmente diferente das chamadas Ciências Naturais ou da Matemática.

Nas Ciências da Educação, uma vez que lidamos direta ou indiretamente com pessoas, estamos em presença de fenômenos bastante complexos de interação social. Pensemos, como exemplo, no caso da avaliação, que é também uma forma de interação e de comunicação por excelência e onde estão presentes emoções, conhecimentos, concepções, capacidades ou atitudes. Trata-se de uma construção social que envolve um tal número de variáveis que é praticamente impossível, ou mesmo impossível, controlá-las. Mas, independentemente da questão do controle das variáveis, há uma complexidade de possibilidades a considerar quando se pretende desenvolver uma investigação digna desse nome. Os fenômenos sociais ou educacionais têm normalmente de ser observados e analisados não só do ponto de vista físico, mas também dos pontos de vista sociológico, antropológico ou psicológico.

A observação dos fenômenos também é mais complexa em contextos sociais e educacionais. Um pesquisador em educação, por exemplo, não pode voltar a observar diretamente ou a ouvir um dado fenômeno que ocorreu no passado enquanto um físico, um químico ou um biólogo podem, em princípio, replicar vezes sem conta exatamente o mesmo tipo de experiência para que lhes seja possível observar o mesmo fenômeno.

Um pesquisador em educação pode, por exemplo, observar muitas coisas relativas aos alunos, mas outras muito dificilmente poderá analisar. Podem-se observar e analisar formas como os alunos resolvem problemas nos seus grupos de trabalho, mas quando falamos de suas preferências, de suas motivações, de seus processos de pensamento ou de suas concepções acerca das aprendizagens, já estamos em domínios em que tudo se torna mais complicado. O pesquisador pode estudar as concepções dos alunos com base no que eles lhe dizem por meio de entrevistas mais ou menos profundas, de questionários ou de outras estratégias mais ou menos sofisticadas, mas há sempre a possibilidade de a consequente interpretação não ser a mais adequada ou não corresponder minimamente à realidade. A coleta de dados, num caso desses, dificilmente se poderá limitar à utilização de um questionário e correspondente quantificação. Exige mais, muito mais. Provavelmente entrevistas profundas, intensa observação, análise do trabalho escrito dos alunos. Isso quer dizer que, neste contexto, não parecem fazer muito sentido os pressupostos do positivismo.

O mesmo se poderia dizer se pensarmos na investigação dos processos metacognitivos utilizados por alunos quando estão envolvidos na sua autoavaliação ou na pesquisa dos processos cognitivos que os alunos utilizam na autorregulação das suas aprendizagens. Estes são problemas complexos e de difícil resolução como muitos outros nas Ciências Sociais ou nas Ciências da Educação. Os processos que queremos conhecer não são diretamente acessíveis pois ocorrem dentro da cabeça dos alunos... Perrenoud (1998a), a este propósito, chega a afirmar que, sem um modelo teórico de mediações através das quais uma situação interativa influencia a cognição e, em particular, os processos de aprendizagem, podemos observar milhares de situações sem tirar quaisquer conclusões.

Em suma, é preciso estarmos conscientes de que a análise de diferentes paradigmas tem de ter em consideração que falar de Ciências Sociais ou de Ciências da Educação não é o mesmo que falar de Física ou de Biologia. Os problemas que se colocam aos pesquisadores são de natureza muito diferente. Porventura a produção e a natureza do conhecimento produzido serão também muito diferentes. Kuhn (1970) dizia que os paradigmas são sempre efêmeros, são sempre transitórios. Os paradigmas transformam-se e evoluem através do desenvolvimento, por parte de dada comunidade científica, de novos conceitos, novas concepções e valores que se destinam a procurar responder a problemas e a questões a que o paradigma dominante já não responde de forma satisfatória. É então que, em sua perspectiva, surge o que designou por *revoluções científicas* que abrem caminho à introdução de novas práticas e de novas formas de abordar as questões e que se traduzem por rupturas mais ou menos dramáticas uma vez que o *novo paradigma*, ou o paradigma emergente, pode questionar e pôr em causa todo o sistema de concepções, de valores e de interesses diversos que sustentam o *velho paradigma*.

Para muitos autores vive-se atualmente um momento de tensão motivado pelo fato de o paradigma psicométrico de avaliação, que ainda é dominante nos sistemas educacionais e o qual está bem presente nas três primeiras gerações de avaliação definidas por Guba e Lincoln (1989), ter atingido um período crítico, pois não responde satisfatoriamente aos problemas de renovação e de melhoria do ensino, das aprendizagens e das escolas (Berlak, 1992a; 1992b; Berlak et al. 1992; Gipps, 1994; Gipps e Stobart, 2003). Estão, de fato, identificadas inconsistências entre o paradigma psicométrico e o que, por exemplo, hoje sabemos acerca das formas como os alunos aprendem, dos seus processos de pensamento e acerca dos aspectos sociais e culturais da cognição.

Em traços gerais poderemos então dizer que a *avaliação psicométrica* apresenta, entre outras, as seguintes características principais:

1. As aprendizagens dos alunos constituem uma realidade objetiva, passível de ser estudada e apreendida na sua totalidade através do processo de avaliação. Ou seja, é possível determinar exatamente o que os alunos sabem e são capazes de fazer.

2. As aprendizagens dos alunos constituem uma realidade que pode ser avaliada de forma objetiva, neutra e sem quaisquer interferências valorativas. O avaliador (professor) não interfere, nem necessita interferir, com os objetos de avaliação, pois são considerados entidades completamente independentes. Em outras palavras, é possível avaliar sem quaisquer interferências de natureza subjetiva por parte dos avaliadores que, nestas circunstâncias, são de certo modo imunes aos contextos e a todo o tipo de interações existentes no processo avaliativo.

3. As aprendizagens dos alunos constituem uma realidade que, tendo em conta as duas características anteriores, deve ser avaliada através de instrumentos *cientificamente* construídos e, como tal, objetivos e neutros. Nomeadamente, testes de naturezas diversas, que permitam a quantificação das aprendizagens dos alunos, tornando possível a utilização de modelos matemáticos que nos ajudem a determinar rigorosamente o que os alunos sabem.

Tendo em conta essas características principais, facilmente se percebe que uma avaliação de natureza psicométrica está relacionada com as concepções positivistas e neopositivistas. É dada ênfase à quantificação dos comportamentos, atitudes ou capacidades observáveis dos alunos sem ter em conta quaisquer fatores de natureza contextual e quaisquer fatores pessoais ou subjetivos. Nessas condições, no que diz respeito à sala de aula, há uma atenção especial aos objetos precisos e quantificáveis de avaliação, do que decorre a necessidade de formular objetivos em termos comportamentais cuja consecução é verificada através de testes. A tendência é ainda para a avaliação centrar-se mais nos resultados ou nos produtos do processo de aprendizagem. Para os psicometristas, a avaliação dos processos é outra coisa que poderá eventualmente ser avaliada em separado. Por outro lado, também consideram que a avaliação de conhecimentos acadêmicos e a avaliação de atitudes, capacidades ou de competências metacognitivas devem ser feitas separadamente.

Também de forma sucinta, poderemos dizer que as características fundamentais de uma *avaliação formativa alternativa* (AFA), inspirada no *paradigma construtivista*, são as seguintes:

1. A avaliação das aprendizagens é um processo complexo, subjetivo e que não nos permite apreender na totalidade o que os alunos sabem e são capazes de fazer. Avaliar é um processo destinado a compreender os processos de ensino e de aprendizagem e é sempre localizado e situado.
2. A avaliação das aprendizagens dos alunos deve desenvolver-se em contexto, integrada nos processos de ensino, com uma participação ativa dos alunos. É privilegiada a interação entre os alunos e entre estes e o professor. Assume-se a subjetividade do processo avaliativo e reconhece-se que professores e alunos interferem no processo de avaliação e o influenciam através dos seus conhecimentos, das suas experiências, das suas concepções e dos seus valores.
3. As aprendizagens dos alunos devem ser avaliadas através de uma diversidade de estratégias, técnicas e instrumentos. A avaliação deve ser feita *in loco*, junto dos alunos, para compreender os processos que estes utilizam na resolução das tarefas que lhes são propostas ou que escolheram resolver. Há uma ênfase nos processos de descrição, de análise e de interpretação da informação recolhida, processos qualitativos por natureza, mas não se desprezam os métodos quantitativos que permitam a agregação de dados.

Estas características principais da AFA, que decorrem do paradigma construtivista, sugerem que a ênfase está na compreensão dos processos cognitivos dos alunos que, para tanto, são descritos, analisados e interpretados qualitativamente. Em contrapartida, há uma preocupação em contextualizar os processos de ensino, de aprendizagem e de avaliação, que devem desenvolver-se num clima favorável à plena comunicação e interação. A negociação e os contratos didáticos com os alunos criam condições para o desenvolvimento dos processos de autoavaliação e de autorregulação das aprendizagens. Assim, deve existir uma criteriosa seleção de tarefas que promovam a integração, a relação e a mobilização inteligente de diferentes tipos de saberes e, por isso, possuam elevado valor educativo e formativo. A avaliação de conhecimentos acadêmicos e a avaliação de atitudes, capacidades ou de competências metacognitivas devem ser feitas de forma integrada e inseparável.

As duas visões que acabamos de apresentar e discutir coexistem nos sistemas educacionais. Não é difícil admitir que, eventualmente, haverá mais condições para que os professores, nas salas de aula, possam desenvolver uma avaliação formativa alternativa, ao passo que a avaliação externa será mais tendencialmente enquadrada pelas perspectivas psicométricas. Na verdade, vários autores vêm a sugerir aquilo a que alguns chamam a *inevitabilidade da convivência* do paradigma psicométrico, no âmbito da avaliação externa com efeitos na progressão dos alunos, com o paradigma da avaliação alternativa (formativa) de inspiração construtivista e cognitivista, no âmbito da avaliação interna (Gipps, 1994; Gipps e Stobart, 2003; Madaus et al., 2000; Mislevy et al., 2003; Kellaghan e Madaus, 2000; Kellaghan e Madaus, 2003). Na realidade, parece haver uma tendência cada vez maior para esse *compromisso* nos sistemas educacionais europeus. Pode haver várias explicações para essa situação. Desde as vantagens e desvantagens de cada uma das formas de avaliação quanto a questões de validade, de confiabilidade, de correção, de equidade e de comparabilidade, até a evolução na elaboração de itens em exames ou provas de larga escala, ou à preocupação crescente em contextualizar os dados. Mas há também uma questão que não devemos ignorar. Os sistemas educacionais e formativos têm de criar procedimentos que resultem em referências que as sociedades e seu funcionamento lhes exigem como é o caso da certificação ou da avaliação externa. Os sistemas educacionais, é importante que se diga, não vivem isolados dos outros sistemas sociais, interagem com eles, influenciam e são influenciados e, por si mesmos, não conseguem resolver todos os problemas que têm de enfrentar. Precisamos que as sociedades também contribuam para sua solução.

É interessante assinalar aqui que, há treze anos, Berlak (1992a), Archbald e Newmann (1992) e Kilpatrick (1992) consideravam não ser claro assistir-se à rejeição do paradigma psicométrico e à sua substituição por um paradigma construtivista. A tendência, diziam, poderia ir no sentido do desenvolvimento de uma teoria da avaliação baseada na evolução daqueles dois paradigmas. Algumas publicações recentes mostram que não se assistiu, de fato, à rejeição do paradigma psicométrico e que surgem variados exemplos de certa evolução no sentido de procurar uma conciliação com o paradigma construtivista tendo em conta as finalidades da respectiva avaliação. Ou seja, parece existir a tendência então prevista por aqueles pesquisadores: a avaliação psicométrica e a avaliação formativa (alternativa, autêntica, reguladora, formadora, educacional ou contextualizada) estão a evoluir e a *conviver* sob muitas formas num número aparentemente crescente de sistemas educacionais (Kellaghan e Madaus, 2000; 2003; Kellaghan e Madaus, 2003; Kellaghan e Stufflebeam, 2003; Madaus et al., 2000; Mislevy et al., 2003; Torrance, 2003).

De acordo com Broadfoot (1994), uma das consequências da perspectiva psicométrica é a ênfase na avaliação de aspectos mais facilmente mensuráveis em detrimento, por exemplo, da avaliação de processos mais complexos de pensamento, de atitudes e da avaliação de aspectos de natureza socioafetiva.Consequentemente, e tendo em conta o que, por exemplo, nos dizem Berlak (1992a; 1992b), Lester e Kroll (1990), Raven (1992) e Schoenfeld (1985) quanto à indissociabilidade dos sistemas de concepções, valores, interesses e competências dos alunos e sua influência nas aprendizagens, facilmente se infere que avaliar sem ter em conta esses sistemas pode ser insuficiente.

Por outro lado, aquilo a que muitos chamam a excessiva ênfase na utilização dos testes na avaliação psicométrica tem levado vários autores a identificar as limitações desses instrumentos. Na verdade, os testes em geral apresentam, entre outras, as seguintes limitações:

1. Avaliam um leque relativamente estreito das competências previstas no currículo.

2. Tendem a fracionar o conhecimento, assumindo a independência e não a interdependência dos objetivos educacionais.
3. Tendem a centrar-se em objetivos que suscitam mais a utilização de processos algorítmicos ou de procedimentos rotineiros e menos o uso de processos complexos de pensamento, porque se pressupõe incorretamente que os alunos só podem resolver problemas de certos graus de complexidade depois de poderem resolver problemas muito simples.
4. Podem fornecer informação pouco válida e pouco confiável acerca do que se pretende avaliar (Broadfoot, 1994; Conceição et al. s.d.; Fernandes, 1991; 1992a; 1992b; 1993a; 1997; Lemos et al., 1992; NCTM, 1995; Raven, 1992).

A consciência dessas limitações dos testes (emblemáticos instrumentos da avaliação psicométrica e os mais largamente valorizados e utilizados nas escolas) não nos deve fazer esquecer suas vantagens ou pontos fortes, como a de proporcionarem oportunidades para que os alunos mostrem saberes adquiridos, a de poderem constituir momentos de aprendizagem ou a de poderem ser elementos reguladores do processo de ensino e aprendizagem (Conceição et al., s.d.). É claro que, muitas vezes, os problemas poderão surgir mais das utilizações que se fazem dos testes e dos seus resultados do que dos próprios instrumentos. Os testes são necessários e podem ser muito úteis no desenvolvimento das aprendizagens dos alunos. É necessário melhorar a natureza das questões, diversificar as possibilidades de administração, relativizar seu peso no contexto de todos os elementos de avaliação que se recolhem e ter consciência de que, tal como todas as outras estratégias, técnicas e instrumentos de avaliação, os testes têm limitações.

Os testes podem ser referidos a uma norma ou a critérios e diferenciam-se pelas suas finalidades, pelos conteúdos selecionados e pela interpretação que se faz dos seus resultados.

Um teste referido à norma tem por finalidades principais a classificação dos alunos e sua ordenação numa lista, o chamado *ranking*. Os resultados de um dado aluno são comparados com a média ou com os resultados de um grupo padrão. As finalidades principais desse tipo de testes são a seleção e a certificação. Nessas condições, os conteúdos do teste são selecionados de forma que diferenciem da melhor forma possível os alunos uns dos outros. Por isso, há uma atenção especial aos índices psicométricos de dificuldade e de discriminação dos itens. No entanto, os testes referidos a uma norma dão pouca informação acerca do que os alunos sabem e podem fazer.

Num teste de referência criterial, a principal finalidade é a de saber o que é que, em relação a certos critérios predefinidos, os alunos sabem e são capazes de fazer. A prioridade não reside na atribuição de uma classificação, mas antes na informação ao aluno relativamente ao que aprendeu e ao que eventualmente lhe falta aprender. O teste avalia a qualidade das aprendizagens e o desempenho dos alunos em relação a um *padrão*, a um nível preestabelecido. É evidente que, nesse caso, os conteúdos são escolhidos tendo em vista o que se considera ser mais importante para os alunos aprenderem. Os testes de referência criterial permitem melhor apreciação acerca das aprendizagens desenvolvidas pelos alunos e, por natureza, são mais informativos.

## Para uma prática da avaliação formativa alternativa

Perante a necessidade sentida de se desenvolver uma avaliação formativa alternativa mais adequada às mudanças curriculares dos últimos anos, com as características sociais e culturais das escolas e ainda com os desenvolvimentos da psicologia das aprendizagens, importa caracterizar os seus princípios, os processos que utiliza, as formas que pode tomar e as respectivas utilizações.

Há um conjunto de princípios ou de orientações de natureza diversa que são mais ou menos referidos em toda a literatura sobre avaliação alternativa e que, de fato, contrastam com as limitações que vêm sendo apontadas à avaliação psicométrica. Estou falando de princípios que têm sido adotados em *projetos de inovação* (Anderson e Bachor, 1998; Archbald e Newmann, 1992; Bell, Burkhardt e Swan, 1992a; 1992b; 1992c; *California Assessment Program*, 1989; Koretz, 1998; Lange, 1987; 1993; Stecher, 1998; *The Vermont Department of Education*, 1992); recomendados em documentos programáticos (*National Research Council*, 1989; 1993; *National Council of Teachers of Mathematics*, 1989; 1991; 1995); ou enunciados em trabalhos de reflexão e/ou de investigação (Chambers, 1993; Cockroft, 1982; Conceição, 1993; Fernandes, 1991; 1992a; 1992b; 1993a; 1995; 1997; Gipps, 1994; Gipps e Stobart, 2003; Instituto de Inovação Educacional, 1992b; Lemos et al., 1992; Lester e Kroll, 1990; O' Connor, 1992; Raven, 1992; Romberg, Zarinnia e Collis, 1990; Tellez, 1996; Valencia, Hiebert e Afflerbach, 1994; Webb, 1992; 1993).

Selecionei apenas alguns que, naturalmente, me parecem importantes, embora tenha consciência de que outros ficam, nessa altura, por discutir, como é o caso da equidade que, de algum modo, é abordada noutra seção deste texto.

## Integração ensino-aprendizagem-avaliação

Uma nota claramente distintiva entre a avaliação psicométrica e a avaliação formativa alternativa é o fato de, neste caso, o ensino, a aprendizagem e a avaliação constituírem como que um todo articulado e coerente. A avaliação, mediando o processo de comunicação que se estabelece e, muito particularmente, através de um *feedback* deliberado e devidamente preparado e utilizado, *entra* no ciclo do ensino e da aprendizagem. Como se costuma dizer é o *feedback* que contribui para a plena integração da avaliação, do ensino e da aprendizagem. Gipps e Stobart (2003) sustentam que a avaliação alternativa não fará qualquer sentido se não fizer parte integrante do processo de ensino.

Uma adequada integração entre estes três processos permite, ou deve permitir, regular o ensino e a aprendizagem, utilizar tarefas que, simultaneamente, são para ensinar, aprender, avaliar e contextualizar a avaliação. Assim, haverá uma relação muito próxima entre as tarefas de avaliação e as finalidades do ensino. Como Gipps e Stobart (2003) sublinham, a avaliação alternativa não se limita exclusivamente à utilização de formas alternativas de avaliação, mas é também um uso alternativo de avaliação como parte integrante do processo de aprendizagem.

Por outro lado, é mediante essa integração que se torna possível abranger mais consequentemente grande variedade de domínios do currículo, ao contrário do que em geral acontece com a avaliação psicométrica. Há mais consistência e mais equilíbrio entre as finalidades do currículo, o ensino e a avaliação.

Repare-se que, não havendo integração, a avaliação aparece como algo externo ao processo de ensino e de aprendizagem e como um procedimento cujas funções são de natureza mais certificativa e seletiva e menos para ajudar os alunos a aprenderem e a desenvolverem suas aprendizagens.

## Seleção de tarefas

A seleção das tarefas a utilizar com os alunos é talvez o cerne de todo o processo de ensino-aprendizagem-avaliação. Na verdade, as tarefas podem determinar que o processo de ensino se oriente para o desenvolvimento de um amplo espectro de aprendizagens que vão dos conhecimentos de conteúdos específicos da disciplina até aos aspectos de natureza mais transversal (socioafetivos, resolução de problemas, relação com os outros). É também através de tarefas adequadamente selecionadas que se podem desenvolver processos de avaliação mais contextualizados, mais elaborados, mais interativos e mais diretamente relacionados com a aprendizagem. De fato, as tarefas a utilizar podem facilitar a desejável articulação entre o ensino, a aprendizagem e a avaliação ou podem dificultar, ou mesmo impedir, essa articulação. Ou seja, sempre que possível, cada tarefa deve ter uma tripla função: a) integrar as estratégias de ensino utilizadas pelo professor; b) ser um meio privilegiado de aprendizagem; e c) ter associado um qualquer processo de avaliação.

É preciso perceber-se que nem tudo tem a mesma importância. Ou seja, é preciso que se diferencie o essencial do acessório, identificando os saberes, os conceitos e os procedimentos que são verdadeiramente estruturantes (aqueles que nenhum aluno deve deixar de trabalhar e de aprender, pois ajudam a estruturar áreas de saber e a estabelecer ligações com outras áreas) e, naturalmente, prever tarefas que reflitam aquela distinção. É preciso evitar a ideia de que tudo tem a mesma relevância e, ainda pior, que as pessoas se percam na definição de miríades de competências ou de objetivos e se deixem submergir numa atomização e fragmentação do currículo que, em tais circunstâncias, fará muito pouco sentido. É necessário que a avaliação reflita as aprendizagens mais importantes, mais estruturantes e mais significativas a serem desenvolvidas pelos alunos. E isso significa, muito simplesmente, que é essencial a concentração de esforços na organização e no desenvolvimento do ensino (seleção de tarefas, seleção das aprendizagens estruturantes, seleção de dinâmicas de sala de aula, seleção de estratégias de avaliação) a partir de um quadro tão simples quanto possível, o que não significa frágil, ligeiro ou simplista. Ocorrem-me, a propósito, palavras do consagrado arquiteto alemão Mies van der Rohe quando, com frequência, referia que *less is more*. Na verdade, parece-me importante trabalhar no sentido de integrar mais e dispersar menos. Dispersar pode ser um começo para não se fazer o essencial. Integrar obriga-nos a relacionar conceitos e domínios do currículo e a selecionar o que é verdadeiramente importante. Por isso me parece oportuno dizer que, em rigor, não precisamos de mais avaliação. Precisamos de melhor avaliação! O que significa que talvez possamos evitar excessos, mais ou menos tecnicistas, nas salas de aula e fora delas, com a adoção de instrumentos que refletem uma *pulverização* do currículo, como certas grelhas de observação, ou certas listas de verificação, que chegam a ter várias dezenas de itens para observar e para verificar! Adotar esta via é talvez a melhor forma de não avaliarmos o que é verdadeiramente importante.

A avaliação não é, de fato, uma mera questão técnica. É uma questão essencialmente pedagógica associada ao desenvolvimento pessoal, social e acadêmico das pessoas. É uma questão de desenvolvimento curricular da maior relevância. É também uma questão ética (Quem não fala de justiça e de valores quando se fala em avaliação?). Por isso, antes dos instrumentos, que, naturalmente, interessa que sejam bem construídos e, sobretudo, mais bem utilizados, vem, por exemplo, o que pensamos sobre:

- o papel que a avaliação deve desempenhar nas salas de aula, na educação e formação das crianças e dos jovens;
- a integração da avaliação num processo de ensino que deve estar solidamente organizado e apoiado nas didáticas das diferentes disciplinas;
- as melhores formas, os melhores momentos, para recolher informação de qualidade acerca dos processos de aprendizagem dos alunos;
- as estratégias a serem aprimoradas para que os alunos desenvolvam competências no domínio da autoavaliação, da autorregulação e do autocontrole.

Na mesma linha de raciocínio, não precisamos de mais tarefas, precisamos é de melhores tarefas. Ricas do ponto de vista educacional e formativo, cuja resolução implique que os alunos relacionem, integrem e mobilizem um leque amplo de aprendizagens (conhecimentos, capacidades, atitudes, competências metacognitivas, competências socioafetivas). Sem prejuízo, obviamente, de se utilizar uma variedade de tarefas que permitam alcançar os diferentes tipos de objetivos curriculares.

Entre as metodologias sugeridas para desenvolver o currículo inscrevem-se a necessidade de se propor aos alunos tarefas de aprendizagem mais diversificadas e relacionadas com a vida real, a utilização de materiais manipulativos, o envolvimento em projetos destinados a resolver situações problemáticas ou o recurso ao trabalho de grupo. A concretização dessas recomendações exige novas formas de avaliar. Uma prática de avaliação tradicional, quase exclusivamente baseada em testes de papel e lápis, seria insuficiente e até totalmente desajustada, pois tenderia a ignorar todas as competências que vão além da aquisição de conhecimentos.

Por isso, deve haver consistência entre a avaliação, o currículo e as metodologias e estratégias utilizadas para o desenvolver, fazendo, desse modo, sempre que possível, coincidir as tarefas de aprendizagem com as tarefas de avaliação. Só dessa forma, como vimos acima, a avaliação formativa alternativa fará parte integrante do ensino e da aprendizagem e poderá assumir seu papel regulador.

## Funções

Num certo sentido pode-se afirmar que as funções da avaliação mais tradicionalmente referidas por muitos autores são as funções formativa e somativa. A avaliação de natureza psicométrica privilegia a função somativa, isto é, a formulação de juízos acerca das aprendizagens dos alunos *após* um período mais ou menos longo de ensino e de atividades conducentes à aprendizagem. É uma perspectiva consistente com uma concepção de avaliação como medida de produtos do ensino, através de instrumentos, normalmente testes, referidos à norma. Uma concepção que, consequentemente, tende a dar mais relevância às funções de classificação, de ordenação, de seleção ou de certificação e, por isso mesmo, não dá destaque à qualidade dos processos de aprendizagem nem aos contextos em que esta se desenvolve. O que não significa que a avaliação psicométrica não considere de todo a avaliação formativa ou que não lhe dê qualquer atenção. De fato, dá-lhe atenção mas, como vimos atrás, numa perspectiva bastante restrita e limitada, que acaba por transformá-la numa espécie de preparação para a avaliação somativa ou mesmo em *miniavaliações somativas*.

Por sua vez, a avaliação formativa alternativa desenvolve-se *durante* os períodos em que ocorrem o ensino e todas as atividades a ele associadas. É uma concepção substancialmente diferente da anterior, já que há uma preocupação com os processos de ensino e de aprendizagem, que são analisados *in loco*; com a plena integração da avaliação nesses mesmos processos; com a criteriosa seleção de tarefas que motivem e mobilizem os alunos; e com o seu envolvimento, tão ativo quanto possível, na aprendizagem e na sua avaliação. Por isso, a avaliação alternativa tende a dar relevância a funções da avaliação, tais como a motivação, a regulação e a autorregulação, o apoio à aprendizagem, a orientação ou o diagnóstico.

É evidente que em qualquer processo de avaliação tem de se considerar os processos e os produtos de aprendizagem. Só que as ênfases, nas duas concepções aqui revistas, são diferentes e, como tal, deverão produzir resultados diferentes! A prática consequente da avaliação formativa alternativa não implica que a certificação não se faça e, implicitamente, a seleção. Mas sempre convém referir que a atribuição de classificações não é a única função da avaliação nem deve ser sua principal preocupação. Como tenho afirmado ao longo deste livro, é muito importante que a avaliação ajude a motivar os alunos para aprenderem com compreensão e para lhes dar conta de seus progressos e de seus sucessos, mas também de seus insucessos e dificuldades.

## Triangulação

Como facilmente se compreende, não é possível avaliar tudo o que um aluno sabe e é capaz de fazer. O que normalmente fazemos é avaliar amostras de desempenhos dos alunos, relativamente a domínios previstos no currículo, na sequência da resolução de tarefas de natureza diversa. Em geral, se tudo correr bem, as amostras de desempenho numa variedade de tarefas permitem-nos afirmar, com alguma segurança, se os alunos aprenderam, ou não, o que era suposto aprenderem relativamente a um dado domínio.

Sabemos, por outro lado, que, sempre que avaliamos estamos cometendo um erro. Ou seja, não há nenhuma estratégia, técnica ou instrumento que nos permita avaliar exatamente determinadas aprendizagens dos alunos. Todos têm suas vantagens e desvantagens e todos nos induzem num erro que, naturalmente, temos de procurar reduzir à sua ínfima expressão. Também não é fácil garantir que a avaliação abranja todos os domínios do currículo ou mesmo o essencial de cada um dos domínios.

O desenvolvimento das aprendizagens dos alunos está condicionado por um conjunto complexo e interdependente de fatores como suas capacidades intelectuais, suas capacidades metacognitivas, seus sistemas de concepções, suas atitudes, desejos, persistência ou os contextos socioculturais em que se inserem. Convém atentar para o fato de que os alunos possuem conhecimentos, aptidões, motivações, estilos e ritmos de aprendizagem que podem variar significativamente. Há alunos que resolvem situações problemáticas por escrito com facilidade, mas podem não ter a mesma facilidade se têm de resolvê-las oralmente, ou perante o grupo de sua turma. Há alunos com uma inteligência linguística de nível modesto mas que possuem uma inteligência lógico-matemática ou uma inteligência espacial de nível bom ou mesmo muito bom (Gardner, 1983; 1991; Gardner e Hatch, 1989).

A coleta de informação, que toda a avaliação pressupõe, tem que considerar as ponderações que fizeram acima. Por isso se propõe um princípio de triangulação aplicável às estratégias, às técnicas e aos instrumentos, aos atores no processo de avaliação, aos tempos ou momentos de avaliação e aos espaços ou contextos.

## Triangulação de estratégias, técnicas e instrumentos

É necessário diversificar os métodos e os instrumentos de coleta de dados e encontrar formas de dar alguma estrutura à avaliação de natureza mais informal. É através da avaliação que os alunos tomam consciência do tipo de atividades, experiências de aprendizagem, atitudes, valores, conhecimentos e competências que são valorizados. A utilização privilegiada de testes de papel e lápis é manifestamente insuficiente. É desejável que se recolha informação através de relatórios, de pequenos comentários, de observações mais ou menos estruturadas, de conversas (entrevistas) mais ou menos formais ou de trabalhos e produtos de diversa natureza realizados pelos alunos. Perante a diversidade de tarefas de avaliação, os alunos percebem que não basta *estudar para a prova* e que se espera que desenvolvam um amplo leque de aprendizagens.

A diversificação de *métodos* de coleta de informação permite avaliar mais domínios do currículo, lidar melhor com a grande diversidade de alunos que hoje estão nas salas de aula e também reduzir os erros inerentes à avaliação.

## Triangulação de atores

A diversificação dos atores no processo de avaliação justifica-se pelas razões já acima enunciadas, mas também por razões como: a) a tendência para se avaliar o trabalho do professor e da escola; b) a necessidade de proceder a apreciações mais globais e transversais dos progressos experimentados pelos alunos; c) a reconhecida importância da avaliação diagnóstica e formativa; e d) a necessidade de resolver os problemas de aprendizagem por meios pedagógicos, em vez de por meios administrativos.

Para poder dar resposta a tudo o que hoje dele se exige, o processo de avaliação deve poder contar com os próprios alunos, com os pais, com outros professores e, se necessário, com outros técnicos, como é o caso dos assistentes sociais e dos psicólogos escolares. Assegura-se desse modo a triangulação entre os principais atores no processo de avaliação, o que, como se imagina, tem consequências em diversos níveis. Um deles é o da disponibilidade dos professores para partilharem genuinamente o poder que lhes é conferido pela avaliação.

## Triangulação de espaços e de tempos

Na mesma linha dos raciocínios anteriores, parece importante que a avaliação possa decorrer em diferentes contextos ao longo de diferentes períodos de tempo. Isso significa pelo menos duas coisas. Uma é a de que pode ser importante recolher informação dentro da sala de aula, onde se podem criar situações muito diversificadas (trabalho individual, em pequeno grupo, em grande grupo, interpares, dramatizações, simulações de conferências, apresentações, leitura etc.), mas também fora dela como é, por exemplo, o caso de visitas a museus, a unidades empresariais, a mercados, a associações culturais e recreativas, a instituições científicas ou a instituições de outra natureza. Outra é a de que a informação, desejavelmente, deve ser recolhida em tempos diversificados; sempre que possível ao longo dos períodos escolares e não em dois ou três momentos previamente anunciados.

## Transparência

Qualquer processo de avaliação tem de ser transparente. Os objetivos, as aprendizagens a desenvolver e todos os processos de avaliação devem ser claramente expressos e devem estar sempre disponíveis para quem a eles quiser ter acesso. Os critérios de avaliação devem ser apresentados de forma clara e devem constituir um elemento fundamental de orientação dos alunos. Ou seja, qualquer apreciação que se faça do trabalho dos alunos deve considerar os respectivos critérios e os alunos devem ser capazes de perceber, sem problemas, sua situação em face das aprendizagens que têm de adquirir ou desenvolver.

## Papel e natureza do *feedback*

Na avaliação formativa alternativa, a comunicação e a interação entre alunos e entre alunos e professores, sob as mais diversas formas, assumem um papel indispensável. Sem interação estaríamos num processo, mesmo assim pouco habitual, de avaliação psicométrica. É através da comunicação que todos os alunos devem tomar consciência de seus progressos e/ou dificuldades em relação às aprendizagens que têm de desenvolver. É através da comunicação que os professores também poderão perceber as alterações que necessitam fazer para que seu ensino vá ao encontro das necessidades dos seus alunos. É evidente que, na ausência de qualquer informação por parte dos professores, os alunos terão certamente mais dificuldades em situar-se perante os desafios que têm de enfrentar, os esforços que têm de fazer ou os métodos de estudo que devem utilizar. Devolver qualquer trabalho a um aluno em branco, sem qualquer comentário escrito, com uma mera designação ou com uma apreciação escrita são certamente situações muito diferentes. Os alunos precisam de orientações sistemáticas e de avaliações do seu trabalho e dos seus desempenhos que os ajudem a melhorar as suas aprendizagens, que os estimulem e que os motivem a ir tão longe quanto possível, quer reconhecendo os seus progressos e sucessos, quer ajudando a ultrapassar os seus pontos fracos. Ou seja, os alunos precisam de *feedback* sobre os processos e produtos de seu trabalho e acerca de seus comportamentos sociais.

De acordo com Sadler (1998), no processo de *feedback* podem considerar-se três elementos sequenciais fundamentais: a) considerar uma qualquer produção do aluno; b) analisar essa mesma produção à luz de qualquer sistema de referência; e c) emitir um juízo que ajude o aluno a superar eventuais dificuldades. Essa visão de Sadler parece algo limitada, apenas centrada nos produtos de aprendizagem, mas dá-nos uma ideia precisa de elementos que não deveremos deixar de considerar, adaptando-os e contextualizando-os de acordo com os nossos objetivos. No fundo, o *feedback* deve esclarecer perante os alunos seu nível real, ou seu estado, perante os objetivos da aprendizagem e, simultaneamente, dar-lhes informação que os ajude a alterar (melhorar) o referido estado, se tal se revelar necessário. Só nessas condições o *feedback* será formativo (Biggs, 1998).

O *feedback*, em si mesmo, não resolve qualquer problema se não for devidamente pensado, estruturado e adequadamente integrado no processo de aprendizagem dos alunos. Na verdade, tem de ser bem mais do que uma simples mensagem: temos de garantir que o que se pretende comunicar aos alunos seja efetivamente percebido de forma que eles possam saber o que fazer com tal comunicação.

Em princípio o *feedback* deve conduzir necessariamente a qualquer tipo de ação, ou conjunto de ações, que o aluno desenvolve para poder melhorar sua aprendizagem. Isto é, os alunos têm de aprender a interpretá-lo, a relacioná-lo com as qualidades dos trabalhos que desenvolvem e a utilizá-lo para perceberem como poderão melhorar suas aprendizagens. Nessas condições diremos que estamos perante uma avaliação formativa. Na verdade, ela só ocorre quando, num contexto mais ou menos interativo de aprendizagem, está associada a algum tipo de *feedback* que oriente clara e inequivocamente os alunos e os ajude a ultrapassar suas eventuais dificuldades, através da ativação de seus processos cognitivos e metacognitivos. E aqui, muito claramente, parece-me oportuno afirmar que os professores não devem hesitar em dar orientações precisas aos alunos acerca de percursos que poderão adotar na resolução de dada tarefa. Particularmente, nas primeiras vezes e quando os alunos estão nos primeiros anos de escolaridade. O que me parece é que, em muitos casos, não será suficiente dizer aos alunos simplesmente: "Façam!".

Poderemos aqui acrescentar que, nessas condições, a avaliação formativa, o *feedback*, a autoavaliação e o autocontrole são *elementos* constituintes de um conceito que vai para além da própria avaliação formativa tal como é geralmente entendida. Estamos, aqui, em presença do que Perrenoud (1998a) designa por regulação controlada e individualizada dos processos de aprendizagem, que é uma ideia promissora, mas ainda em fase de elaboração teórica, como nos é dito por aquele autor.

Mas voltando ainda à natureza do *feedback*, é importante que fique claro que ele pode assumir várias formas, conteúdos e processos:

- pode estar mais centrado nos resultados e levar às chamadas atividades de remediação ou de reforço, à motivação e, por fim, à consecução dos objetivos previamente estabelecidos. É uma concepção muito associada às perspectivas behavioristas da aprendizagem;
- pode estar associado à ideia de recompensar o esforço, melhorando a autoestima dos alunos que, por sua vez, conduz a mais esforço e, normalmente, a melhor aprendizagem; ou

• pode conceber-se como estando mais orientado para os processos utilizados, mais centrado na natureza das tarefas de avaliação propostas e na qualidade das respostas dos alunos.

Um processo deliberado e planejado que ajuda os alunos a perceberem e a interiorizarem o que é trabalho de elevada qualidade e quais as estratégias cognitivas e/ou metacognitivas, os conhecimentos, as atitudes ou as capacidades que necessitam desenvolver para que aprendam, compreendendo.

Percebe-se que esta última concepção é bem mais sofisticada do que as que a antecedem e que, naturalmente, está enraizada nas teorias cognitivistas e construtivistas da aprendizagem. Trata-se do tipo de abordagem que associo à avaliação formativa alternativa.

Como já se referiu, o *feedback* é indispensável para que a avaliação integre os processos de ensino e de aprendizagem e, muito particularmente, para que a avaliação assuma sua natureza formativa. De fato, através de um *feedback* regular e sistematicamente providenciado, os alunos podem começar a desenvolver competências de autoavaliação e de autorregulação de suas aprendizagens *durante*, e não apenas no *final*, de um dado período de ensino e aprendizagem. Consequentemente, podem utilizar o *feedback* como orientação para melhorar ou corrigir o caminho que vinham seguindo.

O *feedback* desempenha um papel crucial na aprendizagem porque, através dele, os alunos são sistematicamente lembrados dos níveis de aprendizagem, ou dos *padrões*, que é necessário alcançar e ficam cientes dos seus próprios progressos, considerando a comparação com seus desempenhos anteriores ou critérios previamente definidos.

Um dos aspectos que merecem ponderação relaciona-se com a distribuição do *feedback*, seja ele de natureza escrita, oral ou não-verbal. Pode haver a tendência para que, numa turma, o *feedback* seja mal distribuído pelos diferentes alunos. Pode acontecer que os bons alunos, os alunos que apresentam mais respostas certas, os rapazes, os alunos das etnias dominantes, os que estão sentados nos lugares da frente ou os alunos das classes média e média alta recebam mais *feedback* do que os alunos mais fracos, do que os que apresentam mais respostas erradas, do que as meninas, do que os alunos de minorias étnicas, dos que estão sentados nas carteiras do fundo da sala ou do que os alunos das classes sociais mais desfavorecidas. Por outro lado, para além de ser necessário distribuir equilibradamente o *feedback*, é importante ponderar a forma e a natureza que ele deve assumir. Convém equilibrar a proporção de *feedback* oral, escrito ou não-verbal, a oportunidade para o fazer em público ou em privado, dentro ou fora da sala de aula ou de o focar exclusivamente nos aspectos referentes a conteúdos disciplinares específicos ou também em outros aspectos como, por exemplo, nas aprendizagens de natureza transversal.

Tunstall e Gipps (1996) distinguem entre *feedback avaliativo*, em que são emitidos juízos acerca do valor ou do mérito de um dado trabalho, com referência implícita ou explícita a normas ou *padrões*, e *feedback descritivo*, relativo às tarefas apresentadas aos alunos e utilizado para se referirem explicitamente às aprendizagens evidenciadas na sua resolução. Os autores consideram dois tipos de *feedback descritivo*. Um em que o professor mantém o controle de toda a atividade pedagógica e todo o poder na avaliação, em que se reconhecem as aprendizagens conseguidas pelos alunos, se produzem diagnósticos com base em critérios específicos ou se corrigem procedimentos. Outro em que o professor partilha seu poder de avaliador com os alunos, responsabilizando-os igualmente pelas suas aprendizagens, analisando em conjunto o uso de estratégias para a autorregulação e autocontrole do processo de aprendizagem. Por isso, este último tipo de *feedback descritivo* pode contribuir para que os alunos, sempre apoiados pelo professor, se tornem mais autônomos para avaliarem e regularem seus desempenhos e para encontrarem maneiras de melhorá-los. O professor acaba por assumir um papel *facilitador* em vez de *fornecedor* de *feedback* ou de *juiz*. É, segundo Gipps e Stobart (2003), uma perspectiva em que se dá ênfase ao papel do professor *com* o aluno em vez de *para* o aluno.

Perrenoud (1998a), na linha da investigação desenvolvida por Butler e Winne (1995), considera que o *feedback*, em si mesmo, é uma condição necessária, mas não suficiente para que uma avaliação seja formativa. Aquele autor sublinha os efeitos que aquele processo, ou qualquer intervenção por parte do professor, deve ter na regulação controlada e individualizada dos processos de aprendizagem que, na sua elaboração teórica, não é mais do que uma concepção mais abrangente de avaliação formativa. Nestas condições, no que diz respeito ao *feedback*, deve ter-se em conta:

* sua natureza e os processos cognitivos e socioafetivos suscitados nos alunos;
* sua relação com o que se ensina, a sua inclusão em *contratos didáticos* que se estabelecem com os alunos e, em geral, na gestão global do ambiente de ensino na sala de aula;
* suas relações com um conceito de ensino e de aprendizagem;
* seu grau de individualização e a sua relevância; e
* particularmente, os meios e os efeitos envolvidos na regulação dos processos de aprendizagem (Perrenoud, 1998, p.85-6).

Para Butler e Winne (1995) o *feedback* é inseparável da aprendizagem, sendo o principal determinante dos processos cognitivos que constituem a aprendizagem autorregulada.

Em suma, a avaliação formativa alternativa não o será verdadeiramente sem a utilização deliberada, sistemática e fundamentalmente didática e pedagógica de um *sistema* de *feedback* que apoie, regule e melhore os processos de aprendizagem e de ensino. Dessa forma, contribui-se para que os alunos se tornem mais autônomos, mais responsáveis pelas suas aprendizagens, mais capazes de avaliar e regular seu trabalho, seu desempenho e suas aprendizagens e mais ágeis na utilização das suas competências metacognitivas.

## O portfólio como estratégia de avaliação formativa alternativa

Os portfólios de trabalhos dos alunos têm sido referidos como uma estratégia que pode permitir a organização da avaliação formativa alternativa de acordo com as ideias e os princípios que acima se apresentaram e discutiram. Um portfólio é uma coleção organizada e devidamente planejada de trabalhos produzidos por um aluno durante um certo período de tempo. Sua organização deve ser tal que permita uma visão tão ampla, tão detalhada e tão profunda quanto possível das aprendizagens conseguidas pelos alunos.

Não há propriamente um modelo ou um formulário para a construção de um portfólio. Professores e alunos, de acordo com os objetivos que se pretendem alcançar, as condições e os recursos de que dispõem, estabelecem as regras; isto é, acertam o tipo de trabalhos a incluir no portfólio, as condições em que o podem fazer e os objetivos de tal inclusão. O processo de avaliação deve também ser objeto de discussão e de negociação.

Os produtos elaborados pelos alunos, que devem constituir uma amostra ampla do que sabem e são capazes de fazer, podem ser de natureza muito diversificada e, naturalmente, devem contemplar os domínios destacados pelo currículo e/ou pelo projeto de escola e/ou pelo projeto curricular de turma. É por isso desejável que os trabalhos a integrar o portfólio tenham, pelo menos, as seguintes características:

1. contemplem todos os domínios do currículo ou, pelo menos, os que são considerados essenciais e estruturantes;
2. sejam suficientemente diversificados quanto à forma (escritos, visuais, audiovisuais, multimídia);
3. evidenciem processos e produtos de aprendizagem;
4. exemplifiquem uma variedade de modos e processos de trabalho;
5. revelem o envolvimento dos alunos no processo de revisão, análise e seleção de trabalhos.

Um portfólio poderá incluir ampla variedade de trabalhos dos alunos, como relatórios, composições, comentários breves a textos ou a quaisquer situações de aprendizagem (filme educativo, peça de teatro, acontecimento científico, tecnológico ou social), relatos e reações escritas a visitas de estudo, trabalhos individuais e de grupo, produtos multimídia, desenhos e ilustrações, reflexões dos alunos sobre a disciplina, seus progressos, suas dificuldades, resoluções de problemas ou relatos de experiências. (É apenas uma lista de sugestões. As circunstâncias e os contextos em que as pessoas funcionam é que devem determinar o tipo de *coisas* a incluir.) No fundo, a ideia de organizar, de forma pensada e deliberada, os trabalhos dos alunos num portfólio é a de obter uma imagem, tão nítida quanto possível, das aprendizagens que desenvolveram ao longo de um dado período de tempo, de suas experiências, dificuldades e progressos. Um ambiente de ensino e de aprendizagem em que, frequentemente, os alunos têm uma participação ativa, em que se propõe um conjunto diversificado de tarefas, em que se resolvem situações problemáticas ou em que se utilizam diferentes dinâmicas de trabalho exige uma avaliação formativa diferente. Uma avaliação formativa mais contextualizada, mais participada e mais reflexiva.

Mais contextualizada porque ocorre à medida que os alunos vão resolvendo ou trabalhando as tarefas que lhes são propostas no contexto *normal* da sala de aula, sem os constrangimentos de tempo e de administração que ocorrem nos testes padronizados. Mas também porque os alunos têm oportunidades para analisar seu trabalho e, por isso, a autoavaliação e autorregulação das aprendizagens podem ser práticas habituais. Nestas condições, os alunos poderão, em princípio, ter mais oportunidades para mostrar o que sabem e são capazes de fazer e os professores mais oportunidades para conhecer suas dificuldades e ajudá-los a superá-las.

Mais participada porque os professores partilham o poder da avaliação com seus alunos, com outros professores e até com os pais e encarregados de educação. A avaliação é assim um meio para também envolver outros atores no apoio aos alunos, ajudando-os a superar dificuldades, a delinear estratégias de estudo e de trabalho ou a apreciar seus trabalhos. A participação dos alunos na avaliação pode ser um processo de grande valor educativo e formativo, pois contribui para que desenvolvam um importante conjunto de aprendizagens de natureza cognitiva e metacognitiva e de natureza social, cultural e afetiva.

Mais reflexiva pois há oportunidades para que os alunos se habituem a rever seus trabalhos de forma crítica, consciente e sistemática. Consequentemente, podem analisar o que fizeram, identificar o que de mais característico existe em seu trabalho, o que foi evoluindo com o tempo ou o que ainda necessita ser feito. Trata-se de desenvolver competências que lhes permitam rever e reformular seu trabalho.

Uma avaliação com essas características pode proporcionar mais e melhor informação aos professores e responsabilizar mais os alunos pela sua própria aprendizagem, uma vez que são chamados a criticar e a refletir, sistematicamente, sobre os seus próprios trabalhos. Sublinhe-se que um portfólio não é um mero conjunto de trabalhos dos alunos organizado numa pasta de arquivo ou numa caixa. A organização do portfólio exige uma planificação com propósitos bem claros e uma articulação sistemática entre o desenvolvimento do currículo, a aprendizagem e a avaliação. Aderir a esta abordagem pode trazer vantagens, tais como:

1. abranger mais processos e objetos de avaliação;
2. fazer coincidir tarefas de avaliação e de aprendizagem, contribuindo para melhorar a consistência entre o currículo, seu desenvolvimento e a avaliação;
3. contextualizar a avaliação na medida em que ela surge associada à situação em que a aprendizagem teve lugar e não numa situação mais formal, desligada do ambiente em que se trabalham as tarefas;
4. mostrar mais acerca do que os alunos sabem e são capazes de saber;
5. incentivar os alunos a participarem mais ativamente no processo de avaliação e a refletir criticamente sobre o seu próprio trabalho;
6. melhorar a autoestima dos alunos porque têm mais oportunidades para mostrar o que conseguem fazer para evoluir;
7. identificar mais facilmente os progressos e as dificuldades dos alunos dada a natureza longitudinal do portfólio;

8. conhecer mais detalhada e profundamente as aprendizagens dos alunos, o que permite tomar melhores decisões.

A utilização dessa estratégia não é simples. Implica, como já se disse, um planejamento e organização rigorosas, uma revisão sistemática e regular dos trabalhos dos alunos e um cuidado muito especial com o tipo de tarefas que lhes queremos propor. Não há qualquer garantia de que a utilização de portfólios implique, por si só, uma avaliação alternativa, mais autêntica, mais participada e mais reflexiva. Na verdade, os portfólios podem facilmente tornar-se meras pastas com coleções de trabalhos dos alunos. No entanto, se bem utilizados, podem influenciar positivamente as formas como se ensina, se aprende e se avalia. Podem dar origem a uma outra cultura, a uma outra ideia, de sala de aula: um espaço em que as aprendizagens vão-se construindo em conjunto e/ou individualmente, ao ritmo de cada um, em que se reflete e se pensa, em que se valorizam as experiências, intuições e saberes de cada aluno, em que se acredita que as dificuldades podem ser superadas e em que, essencialmente, se ensina e se aprende. Com mais ou menos esforço, mas sempre com gosto.

## Os professores e a avaliação

As considerações que se seguem são baseadas numa análise de um conjunto de pesquisas realizadas com professores dos três ciclos da educação básica e do ensino secundário (Alves, 1997; Antunes, 1995; Boavida, 1996; Campos, 1996; Fernandes et al., 1996; Gil, 1997; Lobo, 1996; Neves, 1996). Na maioria dessas investigações, estudos de caso de natureza qualitativa, participou um número relativamente reduzido de professores, que foram entrevistados, e cujas aulas foram, em muitos casos, observadas. Naturalmente que o que aqui se pretende é, tanto quanto possível, integrar conclusões e reflexões constantes naquelas investigações numa tentativa de ilustrar como é que os professores participantes organizavam suas práticas de avaliação das aprendizagens e o que é que pensavam sobre o assunto. Não há aqui qualquer ideia de apresentar essa integração de resultados como uma generalização a todos os professores. Pode-se, no entanto, afirmar que os resultados, assim como as interpretações consequentes, são, genericamente, consistentes com os de outras investigações e/ou reflexões de índole teórica (Archbald e Newmann, 1992; Berlak, 1992a; 1992; Broadfoot, 1994; Conceição, 1993; Fernandes, 1997; Gipps, 1994; Gipps e Stobart, 2003; O'Connor, 1992; Raven, 1992; Stiggins e Conklin, 1992).

Em geral, todos os participantes nas pesquisas dão uma clara ênfase à avaliação de conhecimentos específicos das disciplinas que lecionam. Em particular, aos fatos, conceitos e procedimentos constantes nos livros-texto. Competências de natureza transversal, como as do domínio da resolução de problemas ou do domínio das relações socioafetivas, são raramente valorizadas e, em consequência, raramente avaliadas. Há várias explicações possíveis para essa constatação:

1. a comunicação que se estabelece na sala de aula é essencialmente organizada em torno de conteúdos específicos que acabam por constituir, quase naturalmente, os principais, ou mesmo únicos, objetos de avaliação;
2. para os professores participantes, as competências de natureza transversal, ao contrário dos conteúdos disciplinares, não estão clara e expressamente definidas nos currículos como alvos a atingir, por isso sentem falta de "objeto" de avaliação;
3. culturalmente, os professores tendem a valorizar mais, e quase exclusivamente, os conhecimentos específicos que os alunos evidenciam. De fato, não se conhecem casos de alunos que vejam posta em causa sua progressão acadêmica quando demonstram possuir conhecimentos considerados suficientes, apesar de eventualmente poderem revelar ausência de competências transversais, como as de natureza socioafetiva ou outras.

Os testes são claramente os instrumentos mais valorizados e utilizados pelos professores participantes, que tendem a avaliar exclusivamente conhecimentos correspondentes aos conteúdos de natureza acadêmica constantes nos programas. Penso tratar-se de um resultado que faz sentido e é coerente com as concepções sobre o ensino, a aprendizagem e a avaliação sustentadas por esses professores, que acabam por sentir que os testes lhes permitem medir com *rigor* as aprendizagens dos alunos. Sentem-se mais seguros e também sentem que sua vida como avaliadores fica menos complicada. No entanto, esses professores acabam por recolher uma quantidade significativa de informação sobre o desempenho e sobre os saberes de seus alunos que, muito provavelmente, é utilizada de forma aleatória, sem se inscrever numa estratégia coerente e deliberada de avaliação. Trata-se de informação que é essencialmente proveniente de observações e de conversas informais. Por outro lado, os professores que, deliberadamente, também avaliam outros saberes e outras capacidades tendem a ver os testes como *mais um meio para recolher informação e evidências de aprendizagem* e não o meio privilegiado para avaliar.

De modo geral, verifica-se que a atribuição de classificações está sobretudo dependente dos resultados dos testes. Os professores revelaram ter várias dificuldades na integração da informação que têm disponível, que é de natureza mais ou menos diversificada. Muito provavelmente porque não lhes é igualmente fácil estabelecer critérios que os ajudem a corresponder as aprendizagens dos alunos a um dado valor de uma dada escala. Nestas condições, os professores acabam por encontrar procedimentos ou *fórmulas* mais ou menos consistentes, resultantes da sua intuição, conhecimento e experiência. Em todo o caso, os resultados dos testes, entendidos como mais objetivos, mais válidos e mais fiáveis, acabam por ter um peso eventualmente desproporcional nas decisões que precedem a atribuição de classificações finais.

A grande maioria dos participantes nas investigações referidas concorda com a necessidade de se diversificarem as estratégias, técnicas e instrumentos de avaliação. Verificou-se, no entanto, que as práticas de muitos professores não eram consonantes com aquela necessidade. É interessante assinalar que os professores em cujas aulas se desenvolvia um ambiente em que os alunos participavam mais ativamente na aprendizagem pareciam ter mais facilidade em valorizar e em utilizar outras estratégias, técnicas e instrumentos para além dos testes (portfólios, observações sistemáticas mais ou menos estruturadas, pequenos relatórios, trabalhos de casa, questionários).

A ideia com que se fica é a de que a avaliação é mais diversificada, mais significativa do ponto de vista educativo e formativo, mais consistente com o ensino e com a aprendizagem, quando os professores organizam o ensino e promovem um ambiente de trabalho em que os alunos participam mais ativamente na resolução de uma diversidade de tarefas cuidadosamente selecionadas. A avaliação surge, então, como um processo que ajuda a melhorar, a corrigir, a integrar, a regular, a definir critérios, a diagnosticar e a facilitar a comunicação. Um processo que é indissociável do ensino e da aprendizagem. Deve no entanto referir-se que essa maneira de trabalhar, isto é, de ensinar e de avaliar, parece resultar mais da intuição, da experiência e dos saberes que dela são decorrentes e menos de um processo deliberadamente consciente, ancorado em perspectivas teóricas que se procuram pôr em prática.

Outro resultado interessante é o de que a maioria dos professores participantes nas investigações não explicita os critérios de avaliação junto aos seus alunos. Mesmo os que o fazem atuam de forma mais ou menos isolada. Ou seja, os critérios são definidos um pouco de acordo com o que cada um pensa acerca do que é importante e não parecem resultar de uma *política* definida ao nível dos órgãos próprios da escola (conselho pedagógico, departamento curricular). Por razões várias é fundamental que os critérios de avaliação sejam partilhados e até discutidos com os alunos. A avaliação tem de ser transparente e os critérios ajudam os alunos a organizar seu estudo, contribuem para motivá-los a aprender e a delinear estratégias de aprendizagem e de envolvimento nas tarefas que lhes são propostas pelos professores.

As pesquisas analisadas permitem que se fique com a ideia de que, em geral, os professores pensam, vivem e praticam a avaliação de forma muito isolada; esse fato pode ajudar a explicar a relativa falta de confiança que os professores manifestam relativamente às suas avaliações e às decisões que delas decorrem, assim como aos procedimentos que utilizam. Uma *política* de avaliação de escola que integre as principais preocupações dos professores e valorize suas experiências e saberes pode ser uma ideia com bom acolhimento. O debate e a reflexão entre os professores de uma escola, de uma turma ou de um grupo de turmas poderia contribuir para clarear áreas problemáticas como a definição de critérios de avaliação, a diversificação de estratégias, técnicas e instrumentos, a integração de informação, a atribuição de classificações, a identificação de funções de avaliação, o envolvimento dos alunos, dos pais e de outros atores, a distribuição, a frequência e a natureza do *feedback* ou as questões de validade, confiabilidade e equidade. Parece claro que os professores e as próprias escolas precisam estar menos sós com as suas avaliações.

Em síntese, a ausência de *políticas* de ensino e de avaliação nos projetos educacionais das escolas parece ser uma importante dificuldade que mereça ser cuidadosamente enfrentada. Os professores parecem estar um pouco entregues a si próprios numa questão que tem grande relevância pedagógica, didática e educacional, mas tem também grande relevância social e política. (É bom que se comecem a investigar e a discutir os diferentes tipos de consequências pessoais e sociais resultantes das avaliações.) Talvez por isso mesmo os professores experientes dizem sentir-se relativamente inseguros e acabam por fazer seu trabalho avaliativo sem ter uma visão ampla e clara acerca do que realmente poderá estar em causa na organização do complexo processo de ensino-aprendizagem-avaliação.

# 3
# AVALIAÇÃO EXTERNA:
# EXAMES E ESTUDOS INTERNACIONAIS

Em muitos países do mundo e para importantes setores das respectivas sociedades, persiste uma insatisfação quase crônica em face da qualidade do serviço que é prestado pelos sistemas educacionais e formativos, em geral, e pelas escolas, em particular. Governos e respectivos Ministérios da Educação procuram responder aos problemas lançando reformas que, invariavelmente, ficam aquém do que seria desejável depois de consumirem vultosos meios materiais e humanos. Por isso, em geral, sente-se a falta de concretização de medidas estruturantes subordinadas a agendas educacionais fortes, decorrentes de planos estratégicos que democratizem, modernizem e melhorem substancialmente a educação.

No domínio da avaliação das aprendizagens dos alunos os esforços tem-se centrado muito mais nas avaliações externas do que nas avaliações internas, na expectativa de obter informação confiável acerca do que os alunos sabem e de contribuir para melhorar a qualidade do ensino e das escolas. Trata-se de matéria polêmica pois, para muitos educadores e pesquisadores, é duvidoso que as avaliações externas, por si mesmas, possam ter esse papel (Fernandes, 2006c; 2008a).

Em todo caso, e apesar das polêmicas, os países da OCDE, e não só eles, têm gasto, nos últimos anos, milhões e milhões de dólares com a realização de avaliações externas, nomeadamente exames nacionais e todo tipo de provas, com e sem impacto na progressão acadêmica dos alunos, e estudos internacionais (Timss e Pisa). Em vários países do mundo, nomeadamente Estados Unidos, Inglaterra, Holanda, França, Austrália e países escandinavos, após muitos anos de exames nacionais e de resultados consistentemente modestos, têm surgido críticas bastante fortes às medidas utilizadas para monitorar o desempenho dos alunos e avaliar os respectivos sistemas. Em geral, tais críticas referem-se quer à forma, quer ao conteúdo das medidas tradicionais, vulgo exames ou testes nacionais, que avaliam uma amostra muito reduzida dos domínios do currículo e, por isso, não avaliam muitos resultados significativos das aprendizagens dos alunos. De outro lado, dizem os críticos, acabam por ter efeitos nefastos sobre o currículo, empobrecendo-o, sobre o ensino, demasiado condicionado pelo que *cai no exame*, sobre o desenvolvimento de competências de resolução de problemas por parte dos alunos e sobre as decisões políticas. Em outro nível, têm sido muito debatidas na literatura as características dos exames nacionais, seu papel na avaliação da qualidade dos sistemas educacionais, suas vantagens, suas relações com a prestação de contas, suas principais funções, sua validade e confiabilidade, o problema da correção, particularmente o da confiabilidade entre corretores, assim como questões de equidade, de comparabilidade e de ética. Todas questões que merecem ser abertamente analisadas e debatidas.

Neste capítulo discutem-se sobretudo dois tipos de avaliações externas: os exames públicos nacionais e os estudos internacionais de avaliação das aprendizagens.

## Exames públicos nacionais

Apesar dos problemas sérios com que os sistemas educacionais hoje se confrontam, a verdade é que, de cerca de 150 anos para cá, a maioria dos países tem experimentado um desenvolvimento significativo, em alguns casos verdadeiramente notável, dos respectivos sistemas. Ao longo desses anos, muitos países conseguiram que todos os seus cidadãos em idade escolar viessem, efetivamente, a frequentar a escola. Outros têm progredido significativamente em relação a esse objetivo, comum a todas as sociedades democráticas. Como consequência temos assistido a uma significativa expansão de todos os níveis de ensino. Começando, naturalmente, pela educação básica, os sistemas quiseram, e querem, que todos os seus alunos frequentem formações de nível secundário. A esse crescimento do ensino secundário correspondeu um aumento muito significativo das ofertas no nível do ensino superior que, em muitos casos, não foi suficiente para responder ao brutal aumento da procura.

Os países lidaram com essas situações de formas diferentes mas, em geral, adotaram exames, ou outro tipo de provas, como forma de *regular* situações como a que sucedeu em Portugal, onde era muito maior o número de alunos querendo ingressar no ensino superior do que o número de vagas que as instituições podiam disponibilizar. Os exames assumiram, assim, uma função marcadamente seletiva que, eventualmente, poderá atenuar-se, ou mesmo desaparecer, se o sistema, entretanto, se tornar mais equilibrado e mais aberto. Nesse caso, a função de certificação das aprendizagens dos alunos ganharia maior relevância do que a função da sua seleção.

É evidente que, como veremos, há questões relativas aos exames, para além de suas funções, que devem ser analisadas. Algumas dessas questões são abordadas nas páginas que se seguem.

## Breve panorama histórico dos exames

Segundo vários autores (Keeves, 1994; Kellaghan e Madaus, 2003), os exames parecem ter-se iniciado há cerca de 2.500 anos na China, para selecionar pessoal militar e funcionários públicos, procurando, simultaneamente, evitar que a seleção fosse feita com base em laços familiares dos candidatos com os diferentes dignitários dos poderes instituídos.

Foram os jesuítas que, no século XVI, trouxeram os exames para a Europa, introduzindo-os em suas escolas. Mas só no século XVIII, em 1748, a administração de exames públicos em larga escala começou a ser utilizada na Europa, mais propriamente na antiga Prússia (Alemanha). O objetivo continuava a ser o de selecionar funcionários públicos. Na França, após a revolução, em 1793, os exames também foram adotados. Só no século XIX, o Reino Unido decidiu adotar os exames como meio de selecionar funcionários públicos para um império que, então, estava em plena expansão. Nos Estados Unidos, os exames foram introduzidos em 1883, também com o objetivo de selecionar funcionários para o governo, depois de começarem a ser usados na cidade de Boston em 1845 (Kellaghan e Madaus, 2003).

No século XIX, ainda na Europa, as universidades acabam por ter um papel relevante na expansão dos exames públicos administrados em larga escala, pois começaram a utilizar muitos dos sistemas de exames existentes para selecionar seus alunos. É o caso do *Abitur*, na Alemanha, a princípio um exame de certificação usado na escola média alemã desde 1788 e o qual veio a ser empregado como exame de qualificação para entrada nas universidades. É também o caso do *Baccalaureat*, introduzido em França por Napoleão, em 1808, também utilizado para acesso a certos cargos públicos e ao mercado de trabalho em geral. No Reino Unido, a Universidade de Londres inicia seus exames – *matriculation examinations* – em 1838 (Kellaghan e Madaus, 2003).

Ao contrário de muitos países na Europa, os Estados Unidos não tinham, nem têm atualmente, um sistema de exames públicos nacionais. Há exames públicos externos obrigatórios em alguns estados, em particular o famoso *Regents examinations* no estado de Nova York, instituídos em 1860 e que ainda persistem. A partir das primeiras décadas do século XX, os norte-americanos, baseados nos princípios da psicometria, iniciaram o desenvolvimento de uma abordagem substancialmente diferente da dos europeus no que se referia à avaliação dos alunos mediante provas em larga escala. Caracterizavam esse tipo de avaliação o uso predominante de testes objetivos de múltipla escolha e uma estandardização de procedimentos de modo que todos os candidatos, supostamente, realizassem os exames nas mesmas condições.

Atualmente, de acordo com Kellaghan e Madaus (2003) e Keeves (1994), praticamente todos os países do mundo têm algum sistema de exames. Até mesmo países que não tinham tradição de exames públicos externos, como é o caso de muitos países da ex-União Soviética e da Europa Oriental, estão neste momento introduzindo-os, em particular no final do ensino secundário.

Num breve relance histórico sobre os exames em Portugal, considera-se relevante assinalar o ano de 1836, data em que é consagrada a criação e a instalação dos liceus, com base num plano sistematizado dos aspectos curriculares, pedagógicos e administrativos do desenvolvimento dos estudos secundários. Mais tarde, em 1860, com o regulamento geral dos liceus, é dado um novo passo digno de destaque na concretização de um ensino secundário de características uniformes em todo o país. Apesar da regulamentação uniforme, os conteúdos dos exames são definidos pelos conselhos dos liceus, não sendo, portanto, únicos para todo o país. Os processos e critérios de avaliação das aprendizagens diferem de liceu para liceu e a ênfase recai em alguns casos mais nas características comportamentais, em outros mais nas capacidades cognitivas (Adão, 1982).

Entre 1880 e 1895 registram-se várias tentativas de reforma, mas a incapacidade de levá-las coerentemente à prática gera uma situação de *anarquia pedagógica e legal* (Pulido Valente, 1973). É nesse contexto que em 1894-1895 surge a reforma de Jaime Moniz, marco histórico decisivo para a evolução e a modernização do ensino liceal (Barroso, 1995; Carvalho, 1986; Ó, 2003; Proença, 1997), de acordo com um projeto construído e balizado segundo preceitos científico-racionais (Barroso, 1995) e *inspirado* na análise comparativa de reformas e modelos vigentes em outros países (Proença, 1997), acolhendo, designadamente, " a lição dos mestres mais autorizados e o exemplo das nações mais adiantadas, antes de todas, da Alemanha, o *país das escolas*" (Moniz, 1919, p.7).

Procurando instaurar um regime oposto à desorganização existente e ao atomismo por disciplinas, a reforma de Jaime Moniz consubstanciou-se numa centralização das questões de natureza pedagógico-didática – currículos, programas, manuais e metodologias de ensino – e de natureza administrativa (Moniz, 1919; Ó, 2003; Proença, 1997). Apesar de não estar centralizado, o processo de exames é alvo de regulamentação detalhada e contribui para a regulação do funcionamento do ensino liceal, em particular, no que se refere à consolidação do regime de classe (Ó, 2003). No entanto, não se pode ainda falar da existência de um sistema de exames nacionais iguais para todos os estudantes.

Mil novecentos e trinta parece ter marcado o início de um sistema de exames em que a avaliação *correta* e *rigorosa* dos conhecimentos passou a associar-se à ideia de exame nacional igual para todos os alunos (Ó, 2003). Para responder à *crise dos exames* e à *fábrica* em que se tinham tornado os liceus, o Governo da época introduziu um conjunto de medidas, como: a) a redução significativa da importância das provas orais; b) a separação das funções de examinador e de professor; c) a concepção de provas orientadas mais para a avaliação da inteligência do que da memória; e d) a instituição do regime de anonimato dos alunos nas provas escritas (Barroso, 1995; Ó, 2003; tendo ambos por referência o Decreto 18.884 de 27 de setembro de 1930).

Curiosamente, ou não, aquelas mudanças foram alvo de muitas críticas, invocando-se a *suspeição que recaiu sobre os professores com a imposição do anonimato* e o *apagamento do professor nesse processo* (Barroso, 1995). Reforçando os motivos de descontentamento, no ano letivo de 1940-1941 registrou-se pela primeira vez um número de reprovações superior ao de aprovados (Ó, 2003). Assim, em 1944 o regime instituído em 1930 foi abandonado.

Em 1947, o diploma que promulga a reforma do ensino liceal volta a veicular a preocupação com a salvaguarda de condições de equidade na realização dos exames, referindo:

> sobre exames, procurou-se estabelecer um regime que ofereça, na medida do possível, garantias de justiça e de igualdade nos julgamentos para todos os alunos, internos ou externos. A boa elaboração de pontos é condição essencial para que se obtenha essa justiça e igualdade, e o ponto uniforme, elaborado por entidade competente, é um forte estímulo ao

trabalho, tanto para os alunos como para os professores. (Decreto-Lei 36.507, de 17/9/1947).

No seguimento dessa orientação preambular, os artigos 15 e 16 daquele diploma determinam, respectivamente:

Artigo 15. O regime de exames será organizado por modo que seja obtida a mais perfeita objetividade e igualdade nos julgamentos ...
Artigo 16. Haverá uma só época de exames com provas escritas práticas e orais. As provas escritas serão prestadas sobre pontos elaborados no Ministério da Educação Nacional e por forma que a identificação dos examinandos só se faça depois da respectiva decisão.

Em 17 de setembro de 1947, também foi aprovado o estatuto do ensino liceal (Decreto 36.508), o qual, sobre essas matérias, determina que os pontos para as provas escritas dos exames de segundo ciclo (2° e 5° anos) e de disciplinas do 7° ano são elaborados pela Inspeção Geral do Ensino Liceal, coadjuvada por professores designados pelo ministro. O diploma determina de forma exaustiva todo o processo de concepção, reprodução, distribuição, realização, supervisão, coleta e classificação das provas, procurando assegurar rigor e equidade nos procedimentos. Nessas condições, em 1947, fica inequivocamente consagrado um sistema de exames nacionais iguais e obrigatórios, de correção anônima, com administração estandardizada, incidindo sobre um currículo uniforme.

As características essenciais desse sistema perduraram até a instauração do regime democrático, em 1974, altura em que o processo de transformação do sistema educacional acabou por conduzir à abolição dos exames.

Em 1993, o Despacho Normativo n° 338/93 do Ministério da Educação instituiu os exames nacionais no final do ensino secundário em Portugal, com funções de certificação e de seleção no acesso ao ensino superior. Assinale-se que o sistema educacional português esteve cerca de vinte anos sem quaisquer exames ou qualquer tipo de avaliação externa para efeitos de certificação da conclusão do ensino secundário. No que se refere ao ensino básico, em 2002 foram introduzidos exames nacionais no final do 9º ano de escolaridade em Língua Portuguesa e Matemática (Decreto-Lei n° 209/2002). O Despacho Normativo n° 1/2005 vem regulamentar aquela disposição legal, permitindo a sua concretização. Neste nível de ensino não existiam quaisquer exames há cerca de trinta anos.

## Características gerais dos exames

Analisando o que se passa em vários sistemas educacionais, verifica-se que, em alguns casos, há sistemas de exames ao nível das escolas, em outros, ao nível regional e, em muitos, ao nível nacional. Em certos sistemas educacionais os exames têm apenas a função de certificação, em outros servem para certificar e para selecionar e alguns apenas se destinam a selecionar, como é o caso de exames destinados a selecionar alunos para certas vias ou percursos de nível secundário. Em alguns sistemas educacionais há determinada combinação, para efeitos de certificação ou de seleção, entre as classificações obtidas pelos alunos nos exames nacionais e as que são obtidas nas escolas. Em outros sistemas a certificação e/ou a seleção se baseia apenas nas classificações externas, obtidas nos exames, ou nas classificações internas, obtidas na chamada avaliação contínua das escolas.

Em todo caso, é possível identificar um conjunto de características dos exames públicos nacionais que são comuns a um elevado número de países. Por exemplo, Kellaghan e Madaus (2003) identificam as seguintes:

1. os exames são externos, isto é, são preparados e controlados por uma ou mais entidades externas às escolas a que os alunos pertencem;
2. a administração dos exames é normalmente controlada pelo governo ou, no mínimo, por ele supervisionada;
3. os exames são elaborados a partir dos conteúdos constantes nos currículos. Em geral, isso significa que se dá mais ênfase ao

conhecimento dos conteúdos do que, por exemplo, à sua integração e mobilização para resolver situações problemáticas;
4. as provas de exame são iguais para todos os alunos, administradas segundo procedimentos estandardizados, fora do ambiente normal da sala de aula e realizadas por um grande número de alunos;
5. a maioria dos exames tem várias funções, como certificar, controlar ou selecionar;
6. normalmente, o conteúdo, os critérios de correção e os resultados dos exames são tornados públicos.

Apesar dessas características comuns a um elevado número de sistemas, há, como é natural, um conjunto de diferenças, das quais destaco:

1. em geral, os exames ocorrem no final do ensino secundário, mas há países que utilizam exames, pelas mais variadas razões, em níveis mais elementares da escolaridade, em geral quando os alunos têm cerca de dezesseis anos ou, em muitos casos, quando estão no final da escolaridade obrigatória;
2. o número de entidades envolvidas no processo de exames varia de país para país. Por exemplo, em Portugal, há pelo menos sete instituições ou entidades envolvidas:
   a. o Gabinete de Avaliação Educacional (GAVE), que elabora as provas e estabelece os critérios de correção;
   b. a Direção Geral de Inovação e de Desenvolvimento Curricular (DGIDC) é responsável pela administração das provas, pela coordenação do processo de correção, pela coleta, tratamento e difusão da informação e pelo processo de revisão de provas solicitadas pelos alunos;
   c. o Júri Nacional de Exames do Ensino Secundário (JNE), que elabora o respectivo regulamento e controla mecanismos operacionais para o fazer observar;
   d. as Direções Regionais de Educação (DRE), que cooperam com as entidades centrais em questões de natureza logística e relacionadas com o processo de administração dos exames;

e. a Inspeção Geral da Educação (IGE), que zela, junto às escolas, para que os procedimentos estejam conforme os regulamentos, garantindo que os exames decorram em condições de igualdade para todos os alunos;
f. a Editorial do Ministério da Educação, que imprime as provas e assegura sua distribuição por todas as escolas do país onde se realizam exames; e
g. as forças de segurança – Polícia de Segurança Pública e Guarda Nacional Republicana – que colaboram com a Editorial para garantir que a distribuição seja feita sem problemas;
3. há países em que o peso dos exames para efeitos de certificação ou de seleção é de 100%, ou muito elevado (mais do que 70%). Por exemplo, na Inglaterra o peso dos exames no cômputo da classificação final dos alunos é de 80%, contra 20% da avaliação realizada nas escolas. Em Portugal, para efeitos de certificação, o peso dos exames é de 30% e o da avaliação interna, de 70%. Mas, para efeitos de seleção da entrada no ensino superior, o peso das disciplinas específicas de exame (normalmente duas) é de 50% contra outros 50% da avaliação interna. Refira-se que só num reduzido número de países europeus, como é o caso de Irlanda, França e Inglaterra, a avaliação no final do secundário é totalmente ou quase totalmente externa. Em outros países, há exames administrados e corrigidos pelos professores nas escolas com algum sistema de moderação externa;
4. o número de exames que os alunos têm de fazer também varia. Por exemplo, na Itália os alunos fazem dois exames, na Alemanha e na Inglaterra fazem três, em Portugal, três ou quatro e na França, na Irlanda e na Holanda fazem mais de seis exames;
5. o formato dos exames também pode variar sensivelmente, quer quanto ao número de partes que o constituem, quer quanto à natureza e ao número das questões. Em muitos sistemas educacionais as questões tipo ensaio têm sido predominantes, mas faz-se uso também de questões de resposta curta e de questões

objetivas (vulgo múltipla escolha). Há exames que incluem tarefas de desempenho para avaliação de competências práticas e orais.

Verifica-se, assim, que há uma variedade de modalidades, funções, formatos, propósitos e formas de controle, de acordo com as políticas educacionais dos diferentes países e das prioridades ou objetivos que definem. Por outro lado, são conhecidos e estão amplamente documentados, os diferentes tipos de efeitos ou impactos que os exames podem ter aos mais variados níveis, como: a) na vida pessoal, social e acadêmica dos alunos; b) nas formas como as escolas e os professores se organizam e desenvolvem o currículo; c) naquilo que é ensinado e como é ensinado; d) naquilo que é avaliado e como é avaliado; e e) na credibilidade social dos sistemas educativos.

Em razão desses e de outros impactos dos exames, há, por sua vez, um conjunto de questões que, nesse contexto, devem ser consideradas e discutidas, como é o caso da validade, confiabilidade, comparação, correção ou equidade. Consequentemente, surgem imediatamente problemas interessantes para analisar e discutir que podem ser traduzidas pelas seguintes questões:

1. O que os exames, de fato, avaliam?
2. Que currículo é avaliado pelos exames?
3. Qual a consistência dos resultados dos exames?
4. Os exames serão igualmente justos para todos os alunos?
5. Haverá grupos de alunos particularmente favorecidos ou particularmente prejudicados pelos exames?
6. A correção tem níveis aceitáveis de consistência? Isto é, há confiabilidade entre os corretores? Como se poderá melhorá-la ou garanti-la?
7. A análise, a apresentação e a divulgação dos resultados é aceitável?
8. Há um plano estratégico, consistente e deliberado de investigação associado à realização dos exames?
9. Que consequências se retiram dos resultados dos exames e da análise dos dados?

Essas e outras questões integram as preocupações mais constantemente expressas na literatura e as quais procuramos analisar e discutir, sem deixar de enunciar vantagens e desvantagens de um tipo de avaliação que, nos tempos que correm, parece estar em plena ascensão nos sistemas educacionais.

## Funções dos exames

Na maioria dos países, os exames desempenham um conjunto variado de funções, algumas das quais muito associadas à função somativa da avaliação. As funções normalmente referidas são:

1. *certificação*, que cumpre o papel de comprovar que um dado candidato, ao fim de determinado período de tempo, demonstrou ter um dado conjunto de aprendizagens;
2. *seleção*, que está muito associada à função de certificação e a qual controla a progressão escolar dos alunos, nomeadamente o acesso ao ensino superior;
3. *controle*, que permite que os governos, mediante exames padronizados por ele controlados, assegurem que conteúdos semelhantes sejam lecionados nas escolas do país de acordo com o previsto no currículo nacional;
4. *monitoração*, muito associada à prestação de contas e a qual, em alguns países, consiste na utilização dos resultados dos exames para *pedir contas* às escolas e aos professores. Normalmente promove-se a publicação de *rankings* das escolas de acordo com seu desempenho nos exames nacionais;
5. *motivação*, é uma das funções principais quando os exames não têm qualquer efeito na vida escolar dos alunos, mas, no caso em que têm efeitos importantes em seu progresso escolar, podem ser desmotivadores, em particular entre os alunos que consideram os exames difíceis.

A função de monitoração, como se viu, aparece na literatura associada à prestação de contas e à publicação dos *rankings* das escolas.

A esse propósito, julga-se importante discutir aqui algumas razões que desaconselham a prática dos *rankings*. De modo geral, as comparações que se possam fazer entre escolas tendem a não ter em devida conta seus pontos de partida; isto é, não consideram o tipo de alunos que as frequentam, nem as qualificações dos respectivos professores, técnicos e funcionários, nem os recursos materiais ou as condições físicas das escolas. Além disso, as características da comunidade onde as escolas estão inseridas também têm de ser devidamente consideradas. É evidente que os professores e as escolas têm sempre responsabilidades no desenvolvimento das aprendizagens dos alunos, mas poderemos estar cometendo uma injustiça se julgarmos uma escola baseados exclusivamente numa classificação que, por vezes, pode resultar de uma agregação de dados sem muito sentido.

Quando, num dado país, as escolas são confrontadas anualmente com um *ranking* oficial com base no desempenho de seus alunos em exames nacionais, é natural que comecem a delinear estratégias defensivas que lhes possam garantir um bom lugar no dito *ranking*. Uma delas é a de *convidar* os alunos a desistirem, anulando as respectivas matrículas ou, pura e simplesmente, não levar os alunos a exame. Dito de outra maneira, certas escolas poderão ter critérios, mais ou menos explícitos, bastante *apertados* pelos quais muito poucos alunos conseguem realizar os exames. Podemos sempre nos perguntar que significados atribuir ao fato de uma escola que, no início do ensino secundário, tem duzentos alunos dos quais apenas cinquenta acabam por se apresentar a exame e está num lugar destacado do *ranking*, e ao fato de uma escola com um lugar modesto no *ranking* que tinha inicialmente duzentos alunos dos quais 185 fizeram o exame. Qual é a escola boa? A que reprovou 150 alunos? A escola má é a que apenas reprovou quinze alunos porque, eventualmente, seria muito permissiva? Há naturalmente muitas variáveis que poderiam ser consideradas. O que importa sublinhar é que não se trata de matéria que possa ser analisada linearmente e, mais uma vez, que se poderá cometer injustiças acerca dos juízos que se façam sobre certas escolas.

Tem-se constatado, por outro lado, que há tantos *rankings* quantos os que quisermos. De fato, tudo depende dos resultados da escola que se utilizarem para produzir o *ranking*. Não é fácil encontrar uma variável que possa traduzir a multidimensionalidade dos problemas a considerar e, sobretudo, uma variável que faça sentido e tenha real significado. Em Portugal, têm surgido ordenações diferentes das escolas conforme os critérios utilizados pelos autores dos referidos *rankings*.

Apesar de facilmente se perceber que há erros vários que se cometem na elaboração de *rankings* ou, no mínimo, pressupostos incorretos ou procedimentos de muito pouca credibilidade, a verdade é que, em geral, não são mencionados, nem considerados pelas autoridades, pela sociedade ou pela comunicação social. A elaboração e a publicação de *rankings* podem ter outros efeitos indesejáveis, como o de estigmatizar escolas que eventualmente até poderão estar fazendo um bom percurso para melhorar, desmoralizando os professores e os demais colaboradores da escola e a própria comunidade em que esta se integra.

Apesar de, como se disse, os resultados dos alunos estarem necessariamente relacionados com o que lhes é ensinado e como lhes é ensinado, é redutor e precipitado avaliar uma escola e seus professores com base exclusiva em tais resultados. A investigação já há muitos anos tem mostrado isso mesmo, assim como a dificuldade e a complexidade de se conceberem sistemas de avaliação dos professores e das escolas que sejam exequíveis e contribuam efetivamente para a melhoria dos sistemas educacionais. Uma coisa parece certa: avaliar escolas e professores apenas com base nos resultados dos alunos é uma simpática tentação, mas não deverá ser mais do que isso (Fernandes, 2008b; Johnson, 2003; Pearlman e Tannembaum, 2003; Sanders e Davidson, 2003; Stufflebeam, 2003).

A função de monitorar as escolas por exames tem naturalmente seu papel e não tem necessariamente de passar pela publicação de *rankings*. É necessário considerar todas as faces do problema e, sobretudo, quando se trata de atribuir responsabilidades, ter o cuidado de considerar todas as instituições, todas as pessoas que intervêm no processo educativo. Seria estranho que alguém pudesse, ou quisesse, ficar de fora.

## Considerações sobre o tipo de questões

Como já mencionamos anteriormente, os exames podem incorporar uma variedade de questões como:

- tarefas ou problemas;
- ensaios;
- resposta curta; e
- múltipla escolha.

As questões mais abertas, como problemas, tarefas ou ensaios, são mais fortemente recomendadas por muitos autores pois, entre outras, apresentam as seguintes vantagens:

1. permitem analisar os processos e as estratégias utilizados pelos alunos na resolução de problemas novos;
2. permitem avaliar as capacidades dos alunos para integrarem, relacionarem, aplicarem e organizarem conhecimentos;
3. permitem avaliar as capacidades dos alunos para analisarem, sintetizarem e avaliarem a informação constante numa grande diversidade de textos ou de situações problemáticas;
4. permitem avaliar aspectos originais e criativos do pensamento dos alunos.

As questões desse tipo, no contexto de um exame nacional, com efeitos no progresso escolar dos alunos e/ou na certificação, apresentam os seguintes problemas:

1. são normalmente difíceis de elaborar;
2. demoram bastante tempo para ser corrigidas;
3. os critérios de correção são difíceis de elaborar;
4. a confiabilidade entre os corretores tende a se reduzir; e
5. a confiabilidade do exame tende a ser baixa.

Apesar de todos esses problemas terem de ser igualmente considerados numa avaliação em larga escala, talvez a mais preocupante seja a confiabilidade entre os corretores. Sobretudo porque se pode questionar de forma mais ou menos séria a equidade dos exames. Sabe-se que há procedimentos que podem ajudar a diminuir este problema, alguns dos quais têm sido postos em prática em diversos países, como é o caso do maior cuidado que se tem tido na elaboração de critérios de correção, da realização de ações de formação para corretores ou da promoção de reuniões entre corretores para aferição de critérios. Mas também se sabe que há aqui um longo caminho a percorrer. Perante essa situação, parece importante que se criem mecanismos mais apertados de controle da correção e que, através de amostras aleatórias de provas, se determine quais são os níveis de confiabilidade das correções. Trata-se de uma questão relevante que não se pode deixar de tratar com a maior transparência.

É evidente que a solução não é eliminar as perguntas abertas relativas à resolução de problemas ou a outro tema qualquer. Por razões óbvias é desejável e indispensável que os exames mantenham esse tipo de questões.

As perguntas de resposta curta e de múltipla escolha também são utilizadas em todo o tipo de provas nacionais e também nas provas dos estudos internacionais em que muitos países participam.

Os testes ou as perguntas de múltipla escolha, umas e outras largamente utilizadas em exames nacionais em muitos países do mundo, surgiram nos Estados Unidos, em 1914, para responder a duas dificuldades: a) o número crescente de alunos no sistema educacional associado à chegada de milhões de imigrantes àquele país; e b) o fato de se detectarem grandes discrepâncias na correção de exames em que as perguntas eram do tipo ensaio. Na verdade, pesquisas conduzidas no fim do século XIX e princípio do século XX mostraram que as classificações atribuídas aos testes com perguntas abertas, ou tipo ensaio, variavam muito e dependiam de quem os corrigia. Os sistemas de exames ou de testes foram então considerados pouco eficientes, ou mesmo ineficientes, e excessivamente subjetivos. Os testes de múltipla escolha acabaram por se afirmar no contexto norte-americano, em particular após a descoberta dos instrumentos de leitura ótica das respostas nos anos 50, mas, rapi-

AVALIAR PARA APRENDER 127

damente, foram-se disseminando por muitos sistemas educacionais em todo o mundo. As razões para seu aparente sucesso estavam relacionadas com o fato de permitirem examinar um grande número de alunos em pouco tempo e, sobretudo, porque a confiabilidade da correção era total dado que as perguntas, supostamente, eram todas objetivas.

Kellaghan e Madaus (2000) afirmam que os testes de múltipla escolha são utilizados para avaliar aprendizagens adquiridas pelos alunos pelas seguintes razões:

1. a correção é objetiva pois, num dado teste, as classificações serão sempre as mesmas, independentemente de quem o corrija;
2. os testes são muito eficientes porque podem ser facilmente administrados a muitos alunos e ser corrigidos rapidamente, sem erros e de forma muito barata devido à utilização de instrumentos de leitura ótica. A administração é muito simples e não exige formação especial dos atores do processo;
3. os testes de múltipla escolha podem abranger uma parte substancial do domínio a ser avaliado em relativamente pouco tempo. Por exemplo, em 40 minutos os alunos podem responder a cerca de 50 questões;
4. os testes de múltipla escolha são normalmente confiáveis; isto é, os resultados tendem a ser consistentes se os testes, ou alguma versão considerada equivalente, forem administrados, em tempos diferentes, a populações comparáveis;
5. os testes de múltipla escolha, talvez porque sua correção seja objetiva e sejam largamente empregados, são considerados como boas e idôneas fontes de informação;
6. as classificações adotadas nos testes de múltipla escolha são facilmente compreendidas pelas pessoas (Kellaghan e Madaus, 2000, p.120).

Os mesmos autores listam também as seguintes limitações associadas aos testes de múltipla escolha:

1. os testes de múltipla escolha são muitas vezes ambíguos. Uma redação de um item que pareça clara para quem elabora o teste pode confundir quem tem de resolvê-lo;
2. os testes de múltipla escolha proporcionam muito pouca informação diagnóstica acerca dos alunos. Não fornecem informação acerca das razões que estão na origem de eles acertarem, ou não, as questões e acerca dos processos utilizados para as responderem;
3. os testes estandardizados de múltipla escolha fornecem muito pouca informação que possa ser diretamente utilizada pelos professores para orientar ou melhorar o ensino;
4. os testes de múltipla escolha, em geral, não nos fornecem informação acerca dos processos mais complexos de pensamento dos alunos. É mais fácil construir itens de múltipla escolha para avaliar o conhecimento de fatos, do que itens que tenham que ver com processos mentais mais complexos que se desenvolvam em múltiplas etapas;
5. se os testes de múltipla escolha tiverem efeitos sobre a progressão acadêmica dos alunos, seja para progredir para o ano seguinte ou para concluir o ensino secundário, podem exercer uma influência negativa no currículo (Kellaghan e Madaus, 2000, p.120).

São múltiplas as consequências que resultam da adoção de um teste com determinadas características. O princípio de procurar diversificar o tipo de perguntas ou de itens parece ter virtualidades importantes. A ideia deve ser a de procurar equilibrar as exigências de validade, confiabilidade, equidade e capacidade de comparação que têm de existir nesse tipo de provas com as exigências de um ensino e de uma aprendizagem em que a resolução de problemas, a relação e a integração de saberes ou as competências metacognitivas das pessoas têm um papel determinante.

Sabemos pela experiência inglesa com a *Assessment of Performance Unit* (APU), no início dos anos 90, que, em princípio, quanto maior for a complexidade das tarefas (tarefas abertas, resolução de problemas), mais difícil é incluí-las em avaliações em larga escala (Torrance, 2003). Ou seja, tendencialmente, quanto maior for a escala de abrangência dos exames e de seus efeitos sobre a progressão acadêmica e a certificação dos alunos, mais *simples* (mais objetivo) deverá ser o tipo de itens. E isso porque assim os alunos tenderão a ser tratados todos da mesma maneira na correção das provas. Há uma tensão entre os propósitos formativos e avaliativos do sistema nacional de exames e a relação entre a escala (larga, média, pequena) e a complexidade e a objetividade das perguntas (objetivas, resposta curta, ensaio ou questões abertas).

Muitas coisas importantes estão em jogo: *estreitamento* ou não do currículo, equidade do sistema, indução de boas ou más práticas nas escolas ou, talvez surpreendentemente para alguns, a real possibilidade de se baixarem os níveis de aprendizagem dos alunos. São coisas demasiado sérias que importa analisar e discutir de forma aberta e profunda.

## Equidade

A questão da equidade nos sistemas educacionais e, em particular, na avaliação e nos exames nacionais tem sido discutida, investigada e refletida em vários países europeus (Apple, 1989; Gipps e Murphy, 1994). Normalmente a discussão tem-se circunscrito à necessidade de criar *igualdade de oportunidades* para todos os alunos e, em particular, para os que pertencem a grupos que carecem de necessidades educacionais especiais e a outros em geral designados por *minoritários*. E isso pode ter relação com a origem socioeconômica, a origem étnica, a filiação religiosa, o gênero, a língua materna ou com qualquer outra característica. Em geral, procura-se assegurar igualdade de oportunidades com sistemas, mais ou menos eficientes, de apoio e complementos educacionais. A perspectiva que, em muitos países, tem sido utilizada é a de proporcionar igualdade de acesso aos recursos educacionais e aos diferentes percursos de educação e de formação previstos nos sistemas educativos. Trata-se, sem dúvida, de uma abordagem importante ao problema, mas que tem sido considerada insuficiente, porque os diferentes grupos de alunos, por exemplo, os adolescentes de etnias diferentes têm experiências fora da escola que podem ser significativamente distintas. Ou seja, o modelo procura compensar as desvantagens de certos grupos de alunos garantindo-lhes acesso ao tipo de *serviço* a que todos os seus colegas têm acesso. Seria interessante desde que algumas coisas pudessem mudar na forma como se organiza o ensino, ou se envolvem esses alunos nas tarefas e na comunidade escolar. O que acontece é que normalmente se proporciona igualdade de acesso aos meios mas todo o resto se mantém inalterado. Por isso, são poucos os que eventualmente superam suas dificuldades.

Outra abordagem ao problema é a que se centra na *igualdade de resultados*, que deve traduzir, em princípio, o acesso à igualdade de oportunidades e, necessariamente, recoloca no centro da discussão os resultados dos diferentes grupos de alunos. Outras concepções consideram a equidade como o justo e adequado acesso à educação por parte de todos os alunos e, em consequência, como a real possibilidade de todos os grupos obterem resultados *razoavelmente semelhantes* em provas de avaliação, como é o caso dos exames nacionais obrigatórios. Dessa forma, o princípio da equidade em educação significaria que todos os alunos teriam acesso a uma educação e a uma formação semelhantes ou iguais e, por consequência, teriam resultados semelhantes nas avaliações. Nessas condições, a igualdade de resultados acaba por constituir a base mais sólida para a igualdade de oportunidades para todos os grupos de alunos que saem das escolas.

Gipps e Murphy (1994), de seu lado, sustentam que a igualdade de resultados não é necessariamente uma finalidade apropriada, porque grupos diferentes podem ter experiências, interesses, motivações, características, qualidades e pontos fortes e fracos muito distintos. Para essas autoras, a equidade na avaliação implica que suas práticas e a interpretação dos resultados sejam justas, adequadas e equilibradas para todos os grupos.

Ainda em outras concepções sustenta-se a ideia de que a igualdade de oportunidades não está associada à opressão dos grupos e às suas desvantagens, mas antes à preocupação em garantir que todos os alunos possam escolher individualmente, numa perspectiva de *livre mercado*, o que querem fazer de sua vida escolar. Facilmente se percebe que essa perspectiva atribui aos alunos a responsabilidade por suas desvantagens ou dificuldades de aprendizagem ao mesmo tempo que isenta as escolas e a comunidade de assumirem quaisquer papéis porque as *oportunidades estão lá*. O aluno só tem de escolher o que vai mais ao encontro de suas necessidades, motivações e capacidades! Como reação a essas perspectivas surgem outras que fazem passar o debate da equidade por questões curriculares tão relevantes como as seguintes:

1. Que tipos de saberes, atitudes e capacidades são ensinados a quem?
2. Por que os saberes, atitudes e capacidades são ensinados de certas formas a determinados grupos particulares?
3. De que formas conseguimos que as histórias e culturas dos diferentes grupos de alunos sejam responsavelmente integradas nos processos de ensino e aprendizagem?

É tendo em conta o que acima se discutiu que, num sistema nacional de exames com efeitos na vida acadêmica, pessoal ou social dos alunos, as questões da equidade devem ser consideradas. Dir-se-á que os exames nacionais asseguram a equidade quando os jovens que, no início, desenvolveram o mesmo tipo de aprendizagens obtêm resultados iguais ou, pelo menos, muito semelhantes. Se o sistema não assegura a equidade, então poderá haver grupos de estudantes que são beneficiados, ou prejudicados, em relação a outros. Fica assim a porta aberta para que certos grupos de alunos fiquem à frente ou atrás de outros por razões que nada têm que ver com o tipo de conhecimentos ou aprendizagens testados no exame.

As questões de equidade têm de ser equacionadas nos sistemas educacionais em geral, pois é no seu seio que as diferenças de tratamento, as discriminações de ordens várias e a falta de oportunidades para aprender podem ser sentidas por certos grupos de estudantes e não por outros. Por essas razões, há pesquisadores que consideram que o problema da equidade nos sistemas educacionais é um problema central e, sob certos pontos de vista, acabam por constituir uma justificação para os exames externos (Kellaghan e Madaus, 2003).

O que parece poder acontecer é que, em exames nacionais, haja algumas parcialidades que acabem por afetar, prejudicando ou beneficiando, certos grupos de alunos – jovens, grupos étnicos, grupos linguísticos, candidatos provenientes de meios urbanos ou rurais ou candidatos de escolas públicas ou privadas. A investigação tem mostrado que as diferenças nas classificações dos alunos estão normalmente associadas ao estatuto socioeconômico dos candidatos, à sua origem étnica ou a seu gênero, continuando por esclarecer se tais diferenças são devidas ao exame ou ao que os alunos efetivamente sabem e são capazes de fazer.

De acordo com Bolger e Kellaghan, Mathews e Stage (apud Kellaghan e Madaus, 2003), há um resultado consistente num número de países que atribui ao método utilizado para avaliar as aprendizagens as diferenças entre gêneros. Assim, os rapazes obtêm consistentemente melhores resultados do que as moças em testes estandardizados de múltipla escolha, enquanto as moças obtêm melhores resultados em testes que contêm perguntas abertas ou do tipo ensaio.

Há um conjunto de fatores que deve ser considerado na abordagem sistemática que se deve fazer à questão da equidade. Já vimos que o estatuto socioeconômico dos alunos, o gênero, grupo étnico e/ ou linguístico a que pertencem, a situação da localidade de proveniência (urbana ou rural) ou o tipo de escola (pública ou privada) são fatores a se ter em conta.

Outra questão que tem de ser devidamente considerada é a que se refere aos candidatos com necessidades educacionais especiais. À medida que o número de alunos que faz exames aumenta, surgem cada vez mais alunos que necessitam de algum tipo de apoio especializado, que vai desde provas com dimensões e arranjos específicos, para alunos amblíopes, até proporcionar um professor ou um técnico de apoio para alunos com problemas motores, ou meios tecnológicos especiais para crianças ou jovens paraplégicos ou tetraplégicos. O sistema deve assegurar que nenhuma criança ou jovem com necessidades educacionais especiais deixe de ter as condições de realização do exame que lhe permitam mostrar o que sabe e o que é capaz de fazer.

## Validade e confiabilidade dos exames

A validade e a confiabilidade são duas das principais características psicométricas da avaliação. Tradicionalmente, diz-se que um teste é válido se avalia realmente aquilo para que foi construído. Se um teste não avalia o que é suposto avaliar, então sua utilização é enganadora. Em geral, a literatura sobre essa matéria menciona os seguintes tipos principais de validade:

- a *validade de previsão* (em que medida um teste é um bom indicador de desempenhos futuros da pessoa que o resolve);
- a *validade de conteúdo* (em que medida um teste contém uma amostra significativa do conteúdo relevante do domínio ou domínios que foram ensinados e se pretende avaliar);
- a *validade concorrente* (em que medida os resultados do teste se correlacionam com os resultados de outro teste ou de outra avaliação das mesmas aprendizagens);
- a *validade de critério* (em que medida o teste permite prever o desempenho relativo a um dado critério);
- a *validade de constructo* (até que ponto o teste é uma medida adequada do constructo, da competência subjacente que está sendo avaliada ou até que ponto o teste se apoia numa teoria psicológica ou educacional consistente).

Apesar de todos esses tipos de validade, a verdade é que os pesquisadores em geral se referem apenas a um ou a dois tipos, com particular relevância para a validade de conteúdo. No entanto, de acordo com Gipps (1994), a validade é hoje encarada como um conceito unitário em que o *constructo* (a competência ou a aprendizagem subjacente) é o tema unificador. Também Gronlund & Linn (1990) reforçam essa ideia de validade como conceito unitário, chamando a atenção para o fato de a validade ter de traduzir as interpretações que se fazem dos resultados, não se limitando a ser um conceito que apenas se refere ao teste em si mesmo. Ou seja, esses autores procuram contextualizar, *humanizar*, se quisermos, o conceito de validade, relacionando-o com as interpretações que são feitas dos resultados dos testes e mesmo com suas consequências. Nessa linha conceitual, Messick (1989; 1995) amplifica o conceito de validade referindo-se-lhe como um valor social que, obviamente, não se pode limitar a ser mais uma medida psicométrica, pois tem de ter em conta a natureza e o conteúdo das inferências que os avaliadores fazem a partir dos resultados de um dado teste. Trata-se de uma interessante e apaixonante discussão que, no fundo, considera que a validade de um teste, ou de um exame, não deve estar apenas diretamente relacionada com o teste em si mesmo, ou com os resultados que produz, mas também com a interpretação e a utilização que se faz desses resultados e com as consequências das decisões avaliativas. Ou seja, é a introdução das questões de natureza ética e social na elaboração de um conceito que era apenas considerado do ponto de vista estritamente psicométrico.

A confiabilidade de um teste ou de um exame nacional tem que ver com a consistência de seus resultados. Ou seja, para analisarmos se um exame é confiável temos de quantificar em que medida o desempenho dos examinandos se mantém sensivelmente o mesmo, se resolverem o exame em tempos ou ocasiões diferentes. A confiabilidade tem uma relevância maior quando os exames têm sua função de seleção muito marcada, como acontece em muitos países europeus quando os exames servem para selecionar alunos para o ensino superior. É por isso que se afirma que a principal questão é a da replicação. Isto é, se, na sequência de um dado exame e de uma resultante seleção de candidatos, tivesse lugar uma replicação desse mesmo exame, põe-se a questão de saber se os candidatos selecionados se manteriam os mesmos ou não. Em caso afirmativo, então o exame é considerado confiável e, em última análise, justo e equilibrado, tratando, com equidade, todos os candidatos. Em caso negativo, então temos um problema sério, pois o exame permite que a seleção de candidatos ao ensino superior possa depender de outros fatores que não os conhecimentos ou as reais aprendizagens adquiridas pelos candidatos. Há numerosos fatores que podem influenciar a confiabilidade de um exame, alguns inerentes a qualquer tipo de avaliação e outros mais relacionados com avaliações em que há grande incidência de questões abertas. Analisemos então alguns desses fatores.

Kellaghan e Madaus (2003) referem-se a quatro fatores que podem afetar a confiabilidade de um exame:

1. Os alunos podem ter desempenhos diferentes em momentos de resolução diferentes.
2. Os desempenhos dos alunos podem ser influenciados por condições externas ao próprio exame.
3. Os desempenhos dos alunos podem variar com a variação das questões que têm de resolver.
4. As correções dos exames podem variar sensivelmente de corretor para corretor, principalmente em questões não objetivas, de resposta aberta.

Para diminuir, ou mesmo anular, essas *ameaças* à confiabilidade dos exames, o que em geral se faz é padronizar as condições de administração; os critérios de correção, que devem ser tão detalhados e claros quanto possível e livres de quaisquer ambiguidades; e os procedimentos dos corretores, para assegurar que os critérios e os padrões de correção são uniformes. É também usual apresentar provas corrigidas, aos corretores, em que constam as explicações para as pontuações atribuídas. Como é evidente, quanto mais *rigorosas* forem essas condições, mais limitações acabam por surgir quanto ao tipo de tarefas a ser incluídas no exame e, portanto, de conhecimentos ou domínios do currículo, que, no fim, se poder avaliar.

Gipps e Stobart (2003) chamam a atenção para o fato de as avaliações alternativas serem particularmente vulneráveis aos problemas de confiabilidade. Em particular, afirmam que é difícil administrar questões abertas de *elevada confiabilidade* devido ao tempo que demoram a ser resolvidas. Assim, há limitações sérias quanto às inferências que se possam fazer acerca dos desempenhos dos alunos, porque nunca se poderão administrar muitas questões dessa natureza num exame. Repare-se que Shavelson, Baxter e Gao, citados em Gipps e Stobart (2003), estimaram que, para serem atingidos níveis aceitáveis de confiabilidade, seriam necessárias entre dez e 23 questões daquele tipo! Relativamente à confiabilidade das correções, Gipps e Stobart parecem mais otimistas, pois consideram que pode ser significativamente melhorada com processos de formação, critérios de correção muito detalhados e tarefas estandardizadas.

As quatro técnicas clássicas para avaliar a confiabilidade de um teste são:

1. Administrar o mesmo teste com alguns dias de intervalo e comparar os desempenhos obtidos em cada administração.
2. Administrar versões comparáveis do mesmo teste a amostras semelhantes de uma dada população e comparar os respectivos resultados.
3. Se só é possível proceder a uma administração ou se só há um teste disponível, divide-se aleatoriamente o teste em duas partes, que são administradas em separado, comparando-se os resultados obtidos pelos alunos nas duas partes.
4. Determinar estatisticamente um coeficiente de consistência interna a partir de todas as correlações que se calculam a partir de todas as possíveis *divisões* do teste (por exemplo, calcular a correlação entre todos os resultados do item $x$ e todos os resultados finais do teste).

Para melhorar a consistência das correções utilizam-se processos de moderação externa, como:

1. Moderação estatística pela utilização de testes de referência ou técnicas de *scaling*.
2. Moderação por inspeção.
3. Moderação por um painel de revisores.
4. Moderação por consenso.
5. Moderação por grupos.
6. Moderação intrínseca.
7. Moderação pela certificação de instituições.

É importante ressaltar que nem todos esses métodos são passíveis de ser adotados num contexto de exames nacionais, pois alguns se destinam mais a *moderar* avaliações internas das escolas.

## Vantagens e desvantagens dos exames

Os exames podem ter certamente um conjunto de vantagens e, talvez em parte, por essa razão, são aplicados em quase todos os países. Entre algumas vantagens que normalmente se associam aos exames, partindo do princípio que sua concepção e elaboração têm qualidade pedagógica, educacional e formativa, poderemos indicar:

1. Podem exercer um efeito moderador importante nas avaliações internas.
2. Podem induzir práticas inovadoras de ensino e de avaliação.
3. Podem contribuir para avaliar o sistema educacional e ajudar a melhorar a tomada de decisões em todos os níveis.
4. Podem alertar as escolas para a necessidade de melhorarem seus projetos educacionais.
5. Podem dar indicações úteis às escolas, aos professores e aos alunos acerca do que é importante ensinar e aprender.

Em contrapartida, os exames também apresentam desvantagens que não se pode ignorar:

1. Centram-se sobretudo nos conhecimentos acadêmicos, prestando relativamente pouca atenção a competências úteis, relacionadas com a vida real.
2. Condicionam os objetivos, as estratégias, o envolvimento e as atitudes dos alunos em relação às aprendizagens, nem sempre pelas melhores razões. Exames que usam perguntas objetivas e de resposta curta tendem a deixar de avaliar aprendizagens consideradas fundamentais, como é o caso da resolução de problemas.

3. Podem induzir práticas fraudulentas. Trata-se de uma questão séria em muitos países, onde a corrupção, a compra de cópias de enunciados de exames, a substituição de alunos que deveriam fazer o exame ou a cumplicidade entre professores vigilantes e examinandos são práticas que acontecem com mais ou menos frequência.
4. Podem induzir as escolas a concentrarem seus esforços nos alunos que têm mais possibilidades de ter sucesso nos exames.
5. Podem discriminar, em vez de integrar, alunos. Particularmente certos grupos pertencentes a minorias de qualquer natureza.

Os maiores desafios a serem enfrentados pelos sistemas educacionais que utilizam exames para uma variedade de propósitos são provavelmente: a) conseguir um inteligente equilíbrio entre a avaliação interna e a avaliação externa; b) reduzir substancialmente as suas desvantagens; e c) garantir sua validade e confiabilidade. São desafios que estão longe de serem vencidos e, por isso mesmo, levam muitos educadores, pesquisadores e professores a questionar sua existência (Fernandes, 2007b).

## Estudos internacionais de avaliação das aprendizagens

Os estudos internacionais de avaliação, que comparam as aprendizagens adquiridas pelos alunos em diferentes sistemas educacionais, adquiriram uma importância e uma notoriedade crescentes, em particular a partir da década de 1980. Há várias razões que podem explicar este fato, algumas das quais já foram mencionadas anteriormente a propósito da necessidade de mudar a avaliação.

As sociedades de hoje são mais interdependentes dos pontos de vista econômico, social, político e tecnológico, são mais abertas e as pessoas têm uma capacidade muito maior de mobilidade, o que gerou movimentos migratórios importantes, em particular a partir de países do Leste europeu, de países latino-americanos, de países africanos e mesmo de países asiáticos para os países mais desenvolvidos do chamado mundo ocidental. Como consequência destes e de outros fenômenos, as sociedades de hoje são mais multiculturais, mais competitivas e mais exigentes em todos os níveis. Os sistemas educacionais confrontam-se com populações de estudantes que nada têm que ver com as populações, essencialmente homogêneas, de trinta ou quarenta anos atrás.

Muito provavelmente esse incremento de estudos de avaliação terá um pouco que ver com tudo isso, pois os países precisam que seus sistemas educacionais respondam com qualidade às necessidades de formação, às legítimas aspirações e às motivações dos jovens. Porque, dessa forma, estarão também respondendo aos desafios da competitividade, da mobilidade e da interdependência em todos os níveis.

Há ainda outras razões, eventualmente decorrentes das anteriores, que podem explicar o que parece ser o reforço recente desses estudos. Por exemplo, os líderes políticos começaram a interessar-se pela avaliação, pressionados pelas exigências do mundo da economia, pelos meios de comunicação de massa e pelos próprios cidadãos que, cada vez mais, querem saber se os serviços públicos de educação, de saúde ou de justiça prestam o serviço que supostamente devem prestar. Os estudos internacionais podem pressionar os mais diversos agentes do sistema educacional no sentido de alterarem suas práticas e procedimentos, podem ajudar os governos a justificar ou a fundamentar mudanças nos currículos, nos sistemas de formação de professores, nos sistemas de alocação de recursos às escolas ou nos sistemas de gestão e administração escolar. Mas podem também constituir uma pressão sobre os próprios governos para que adaptem e alterem suas políticas educacionais (Fernandes, 2007b).

Há três organizações internacionais de natureza bem diferente que se têm destacado na realização de tais estudos. Uma, a *International Association for the Evaluation of Educational Achievement* (IEA), é uma organização não-governamental fundada em 1958, após uma reunião de pesquisadores e especialistas em assuntos de educação que teve lugar no Instituto de Educação da Unesco, em Hamburgo. Atualmente, 55 países integram a IEA por via dos respectivos Ministérios da Educação ou de institutos de pesquisa mais ou menos independentes. De acordo com Plomp, Howie e McGaw (2003), sua grande finalidade é a de, pelos estudos que promove, contribuir para melhorar a qualidade da educação. Os dois propósitos dos seus estudos internacionais são:

1. Proporcionar informação aos líderes políticos e à comunidade educacional acerca da qualidade da educação, tendo por referência países que possam ser relevantes para o efeito.
2. Apoiar os países participantes a compreender as diferenças observadas entre si e as que se verificam em cada país.

Em conformidade com esses propósitos, a IEA faz dois tipos de comparações: num caso, compara internacionalmente os efeitos da educação a que as crianças e os jovens têm acesso nos diferentes países, com base nos resultados que os alunos obtêm em testes internacionais; no outro, analisa até que ponto, em cada um dos países, o currículo proposto para um dado nível de escolaridade é realmente posto em prática nas escolas e é realmente aprendido pelos alunos. A IEA começou a promover estudos internacionais em 1959 com a preocupação de comparar os resultados dos sistemas educacionais como um todo e não os resultados dos estudantes ou das escolas tomados individualmente. O primeiro estudo internacional de avaliação das aprendizagens na disciplina de Matemática foi realizado pela IEA na década de 1960. Até aos anos 1980, os estudos eram essencialmente controlados pelos interesses dos pesquisadores nas áreas de currículo, elaboração de testes e análise e interpretação de dados. A partir daquela década começam a surgir também os interesses dos líderes políticos e de diferentes grupos e interesses sociais pelas razões acima enumeradas.

De acordo com Plomp et al (2003), as quatro questões fundamentais do *Third International Mathematics and Science Study* (TIMSS), o último estudo realizado pela IEA, na segunda metade dos anos 1990, destinado a alunos de nove anos (3° ou 4° anos de escolaridade), de treze anos (7° ou 8° anos de escolaridade) ou no último ano do ensino secundário, eram:

1. O que se espera que os alunos aprendam? (Ou seja, o que está previsto no currículo? Que conteúdos? Que finalidades? Que recomendações?)
2. Quem assegura o processo de ensino? (Ou seja, quem são os professores? Que formação têm? Que concepções e saberes revelam?)
3. Como se organiza o ensino? (Ou seja, que métodos e estratégias são utilizadas? Que dinâmicas de sala de aula se desenvolvem? Qual o papel do professor e o papel dos alunos?)
4. O que os alunos aprendem efetivamente? (Ou seja, o que os alunos aprendem ao fim de um dado período de tempo relativamente ao que está previsto no currículo?)

Reparemos que a natureza das questões revela uma preocupação em analisar os currículos dos países participantes, as formas encontradas para colocá-los em prática, os contextos de implementação e, naturalmente, as aprendizagens adquiridas pelos alunos ao fim de um certo período de ensino. Em geral, todos os estudos da IEA têm essas características genéricas, sendo certo que no TIMSS se foi mais longe na tentativa de ter mais em conta os contextos em que o ensino se desenvolve nos diferentes países e, por isso, foi estudado um conjunto de variáveis relacionadas com as escolas, os professores e os alunos.

Para os efeitos que aqui se pretendem, o que interessa talvez sublinhar é que os estudos da IEA são baseados nos currículos em vigor nos países participantes, analisados em nível do sistema (currículo proposto), em nível da escola ou da sala de aula (currículo ensinado ou currículo posto em prática) e em nível do aluno (currículo aprendido), tendo em conta os diferentes contextos que podem influenciar o desenvolvimento do currículo, como as condições das escolas e das salas de aula, os processos utilizados, as características das comunidades em que as escolas se inserem, assim como as características das escolas, dos professores e dos alunos. Trata-se de um esforço interessante se pensarmos que, nos estudos da IEA, participam dezenas de países diferentes. Não entrarei aqui em pormenores técnicos, mas posso dizer que tem havido uma evolução sensível nos mecanismos de controle relativamente a questões mais ou menos complexas, como é o caso do processo de amostragem, da decisão acerca das populações que devem participar no estudo (a questão da idade *versus* ano de escolaridade), da seleção dos itens, da tradução dos itens ou das garantias de que todos os procedimentos são seguidos pelos diferentes países da mesma forma.

Outra organização que tem promovido estudos internacionais de avaliação das aprendizagens dos alunos é a Organização para a Cooperação e Desenvolvimento Econômico (OCDE), que integra trinta países membros, da Europa, da América do Norte e da Ásia (Pacífico) que partilham as ideias do livre mercado e da democracia pluralista (OECD, 2000). A abordagem da OCDE às questões da educação e, em particular, da avaliação das aprendizagens proporcionadas pelos sistemas educacionais começou por se centrar na coleta e tratamento de dados fornecidos pelos países membros. Segundo Kellaghan (1986), subsequentemente a um conjunto de preocupações com a qualidade dos sistemas educacionais manifestadas pelos ministros da Educação dos países da OCDE, em 1984, seguiu-se um interesse crescente da organização pelos estudos comparativos internacionais. A partir de 1992, começou a publicar anualmente *Education at a Glance* em que, em cada número, se faz uma comparação internacional, baseada em dezenas de indicadores, que proporciona uma visão acerca do funcionamento dos sistemas educativos, nomeadamente pela análise dos recursos investidos na educação e do tipo de resultados daí decorrentes. Por exemplo, em OCDE (1997; 2000), podem identificar-se algumas dezenas de indicadores relativos às seguintes áreas:

1. Contexto em que os sistemas educacionais funcionam.
2. Recursos humanos e financeiros investidos na educação.
3. Acesso à educação, participação, progressão e conclusão.
4. Ambiente de aprendizagem e formas de organização dos sistemas educacionais.
5. Resultados da educação em nível individual, social e do mercado de trabalho.
6. Aprendizagens adquiridas pelos alunos.

O exaustivo conjunto de indicadores relativos a essas áreas permite que os países se comparem entre si e, supostamente, possam fundamentar medidas de política que considerem apropriadas à situação ou aos problemas detectados. Trata-se de um trabalho de natureza mais geral do que os estudos da IEA mas, sob muitos pontos de vista, com indicações de tendências e informações que podem ser consideradas úteis por parte dos países membros.

Na segunda metade da década de 1990 a OCDE decidiu avançar com estudos internacionais relativos à avaliação das aprendizagens adquiridas pelos alunos, através do *Programme for International Student Assessment* (PISA). Na verdade, os resultados dos alunos utilizados em edições do *Education at a Glance* eram recolhidos dos estudos desenvolvidos no âmbito da IEA, como é o caso do TIMSS no final da década de 1990, ou o caso do *International Assessment of Educational Progress* (IAEP), em que participaram muitos países europeus (a IAEP é da responsabilidade do *Educational Testing Service* ETS –, a terceira das três organizações a que antes me referi e que promovem estudos internacionais no âmbito da avaliação das aprendizagens). Talvez por esse fato a OCDE entendeu que deveria desenvolver estudos que fossem mais consistentes com os tipos de preocupações e o tipo de cultura da organização, mais ligada ao mundo do trabalho, com claras preocupações econômicas e com o retorno dos vultosos investimentos em recursos financeiros e em recursos humanos que os países fazem na educação. A cultura da IEA é mais marcada pelos pesquisadores e acadêmicos da educação e daí talvez o enquadramento conceitual dos seus estudos ser claramente apoiado na teoria curricular.

A abordagem da OCDE é diferente da abordagem da IEA. Seu enquadramento conceitual, se assim se pode dizer, está baseado no conjunto de indicadores que foram sendo produzidos na organização, nomeadamente para o *Education at a Glance*. Com efeito, como referido em Plomp, Howie e McGaw (2003), um conjunto de 38 indicadores eram organizados em três categorias gerais para o caso do *Education at a Glance*:

1. Contextos da Educação
   a. Contexto demográfico (três indicadores)
   b. Contexto social e econômico (quatro indicadores)
2. Custos, Recursos e Processos Escolares
   a. Despesas com a educação (oito indicadores)
   b. Recursos humanos (dois indicadores)
   c. Participação na educação (sete indicadores)
   d. Características da tomada de decisões (quatro indicadores)
3. Resultados da Educação
   a. Resultados dos alunos (quatro indicadores)
   b. Resultados do sistema (quatro indicadores)
   c. Resultados do mercado de trabalho (dois indicadores)

Mais tarde, e ainda de acordo com Plomp et al. (2003), o Comitê de Educação da OCDE decidiu adotar um enquadramento baseado em cinco grandes áreas:

1. Contextos que possam ser relevantes para os resultados.
2. Investimentos em recursos humanos e financeiros.
3. Acesso à educação e à aprendizagem; participação, progressão e conclusão.
4. Ambiente de aprendizagem e organização das escolas.
5. Resultados da educação em nível individual, social e do mercado de trabalho e transição da escola para o trabalho.

Plomp et al. (2003) referem o fato de, por exemplo, nenhum desses enquadramentos constituírem um modelo conceitual que mostre como estão ligados componentes dos sistemas educacionais, como os *inputs*, os processos e os resultados.

O PISA está naturalmente influenciado por esse trabalho anterior da OCDE e, como se disse, é substancialmente diferente do TIMSS. Pretende averiguar em que medida os jovens de quinze anos de cada país estão preparados para enfrentar os desafios das sociedades dos nossos dias. Por isso, a abordagem de avaliação do estudo não é propriamente baseada no que os alunos sabem acerca dos conteúdos constantes nos currículos, como é o caso do TIMSS, mas, no dizer da OCDE (2003), vai para além de uma abordagem escolar, procurando avaliar a utilização que os alunos fazem do conhecimento em tarefas do dia a dia.

A coleta de dados do PISA ocorre em três ciclos separados por três anos. A primeira recolha ocorreu em 2000, a segunda, em 2003 e a terceira, em 2006. Em cada um desses ciclos são recolhidos dados sobre as competências dos alunos em Matemática, Ciências e Literacia. No primeiro ciclo a ênfase foi na Literacia em contexto de leitura, o que significa que dois terços dos testes incidiram nessa área e um terço nas áreas de Matemática e Ciências. No segundo e terceiro ciclos a ênfase foi, respectivamente, em Matemática e Ciências. Destaque-se que no segundo ciclo ocorreu uma coleta de dados acerca das competências desenvolvidas pelos alunos na resolução de problemas, domínio transversal.

As avaliações do PISA permitem obter três tipos de resultados:

1. Indicadores básicos, que proporcionam um perfil do conhecimento e competências dos alunos.
2. Indicadores de contexto, que mostram como tais competências estão relacionadas com importantes variáveis demográficas, sociais, econômicas e educacionais.
3. Indicadores de tendências, que resultam da natureza continuada da coleta de dados e mostram alterações nos resultados e nas distribuições e nas relações entre variáveis e resultados em nível dos alunos e no das escolas. (OCDE, 2003, p.13)

Reconhecendo que os indicadores não são, em geral, capazes de responder a questões prementes de política educacional, a OCDE/PISA desenvolveu um plano de análise orientado para a decisão política que irá além da apresentação de indicadores (OCDE, 2003).

Apesar das suas diferenças quanto a vários aspectos relativos à concepção e desenvolvimento dos estudos, quer a IEA, quer a OCDE visam a comparar as aprendizagens adquiridas pelos alunos em diferentes países, caracterizar quais são os fatores mais relacionados com o desenvolvimento das aprendizagens de país para país e verificar se, em todos eles, são os mesmos fatores ou são fatores diferentes.

No nível dos impactos e das utilizações desses estudos nas práticas e nas decisões políticas dos países participantes, Kellaghan (1996) e Plomp et al. (2003) afirmam, por exemplo:

1. Permitir a identificação de aspectos dos sistemas educacionais que podem ser considerados problemáticos porque são discrepantes em relação ao que se passa na maioria dos países (conteúdos curriculares, níveis das aprendizagens adquiridas pelos alunos).
2. Monitorar o desenvolvimento dos sistemas através de um ciclo de avaliações regulares nas disciplinas que são objeto de avaliação, para que possa haver séries de dados que indiquem as tendências de evolução dos sistemas. Trata-se do que neste momento está ocorrendo com os ciclos de estudos da IEA e da OCDE em Matemática, Ciências e Literacia.
3. Compreender diferenças entre os sistemas educacionais e as diferenças dentro de cada um deles que podem contribuir para a tomada de decisões acerca da organização da escolaridade, da gestão dos recursos disponíveis ou sobre a organização das práticas de ensino.
4. Contribuir para desenvolver uma cultura de avaliação e para o esclarecimento fundamentado acerca do desenvolvimento dos sistemas mediante a difusão de ideias junto das organizações que tomam decisões. Isso significa que podem contribuir para enriquecer a discussão pública acerca da educação. Os estudos podem ainda contribuir para que os decisores percebam mais claramente o que, por exemplo, as escolas procuram alcançar, o que efetivamente alcançam e o que lhes será possível alcançar.
5. Desenvolver capacidade de investigação e capacidades técnicas e tecnológicas em países com menos competências em áreas como os processos de amostragem, metodologias de avaliação em larga escala, processos de correção, tratamento estatístico dos dados, análise dos dados ou identificação de populações.
6. Proporcionar a países que não tinham quaisquer dados sobre as aprendizagens desenvolvidas pelo sistema a possibilidade

de começarem a tê-los e de poderem passar a obtê-los de forma mais regular, mediante competências que, entretanto, foi possível adquirir.

7. Tornar os países mais informados e conscientes do que se passa à sua volta e extrair daí as necessárias conclusões.

Keeves (1995), a propósito dos impactos dos estudos internacionais, afirma que um significativo número de países, como Austrália, Hungria, Irlanda, Japão, Nova Zelândia e Estados Unidos, procedeu a mudanças curriculares, mais ou menos profundas, após sua participação em estudos da IEA. Ressalta ainda que, uma vez que a decisão política não é normalmente documentada nem publicada, é natural que possam existir outros efeitos que não são propriamente divulgados. Por outro lado, os estudos podem não responder diretamente às questões que os decisores gostariam de ver respondidas, mas acabam por ajudar a fundamentar o planejamento e a tomada de decisões.

Também Robitaille, Beaton e Plomp (2000) se referem ao impacto do TIMSS sobre o ensino e a aprendizagem de Matemática e de Ciências, mencionando a quantidade e a natureza das múltiplas discussões que ocorreram em muitos países participantes. Porém, parece importante que se analise com algum cuidado o que efetivamente se passa em cada país. Vejamos, por exemplo, alguns aspectos do caso de Portugal.

Portugal participou no *International Assessment of Educational Progress*, no fim dos anos 1980, no TIMSS, nos anos 1990 e no PISA, no início da presente década. No entanto, a participação do país nesse tipo de estudos, apesar de suas limitações, como a seguir terei oportunidade de identificar, tem sido algo inconsequente. Isto é, não tem obedecido a qualquer plano deliberado e estratégico que permita atingir objetivos relevantes para o sistema educacional. Na verdade, para além de todos aqueles que estiveram diretamente envolvidos na concretização dos estudos, poucos são os que conhecem bem sua natureza, seus objetivos, suas questões de pesquisa, suas metodologias ou suas limitações. Como resultado desse tipo de situação abrem-se as portas para considerações e apreciações sobre a participação portuguesa que ignoram aspectos relevantes da análise e da interpretação dos dados.

Por exemplo, na primeira série do PISA, Portugal aparece no *ranking* de países numa posição modesta em Matemática. Como já se referiu, o PISA avalia competências de jovens de quinze anos. Acontece que, numa boa parte dos países participantes, a esmagadora maioria dos jovens dessa idade frequenta o 10º ou o 11º ano de escolaridade. Em Portugal, pelo contrário, há um número muito elevado de jovens de quinze anos que frequentam o 7º, o 8º ou o 9º ano de escolaridade, ou mesmo anos de escolaridade mais iniciais, muitos dos quais participaram, naturalmente, no estudo. É óbvio que os resultados não podem deixar de ser fortemente influenciados por esse fato, pois, por exemplo, é muito diferente testar um jovem de quinze anos que frequenta o 8º ano de escolaridade ou o 10º ano de escolaridade. Uma análise mais refinada dos dados mostra que a média dos jovens portugueses que frequentam o 10º ou o 11º ano de escolaridade é superior à média verificada no conjunto dos países participantes (Fernandes, 2007b), o que pode ser também interessante analisar e interpretar. Em todo caso, o que aqui se pretende referir é a necessidade e a importância de se desenvolverem análises nacionais dos dados. Não para evitar a comparação com os dados dos demais países, mas para contextualizar devidamente os resultados e proceder a análises que retratem mais rigorosamente a realidade de cada país participante. No início da década começaram a ser publicados em Portugal alguns relatórios que procuram colmatar essa dificuldade (Gave, 2001; 2002a; 2003).

Por outro lado, persiste a necessidade de se promoverem discussões de diversas naturezas acerca da participação nesses estudos: com investigadores, com professores, com educadores, com pais, com formadores de opinião ou com quaisquer grupos sociais ou profissionais. É de certo modo constrangedor ver os resultados de estudos de avaliação internacionais ou nacionais serem divulgados sob a forma de tabelas do tipo das classificações das equipes de futebol. Sua relevância, complexidade, abrangência e profundidade merecem uma divulgação e discussão mais coerentes com seus impactos no sistema educacional, à imagem do que acontece nos países mais desenvolvidos.

Ou seja, Portugal participa nesse tipo de estudos desde a década de 1980. Há quase trinta anos e, até hoje, não se conhecem consequências significativas e visíveis de tais participações. Eventualmente existirão algumas mas, em geral, o panorama não me parece positivo. É preciso pensar se estamos nesses estudos para cumprir calendário, porque *não podemos deixar de estar*, porque *parece mal não estarmos* ou porque queremos que eles constituam mais uma oportunidade para conhecer melhor e desenvolver o sistema educacional. Seria interessante caracterizar bem o que efetivamente se passa em cada país participante para sabermos se o tipo de preocupações e de limitações acima indicadas são compartilhadas por mais países.

Apesar do cuidado com que, hoje em dia, esses estudos são desenvolvidos e apesar da grande evolução que, nestes últimos quarenta anos, se tem verificado no nível da construção de itens e de testes, da administração das provas, da elaboração e utilização dos critérios de correção, da análise de resultados ou da contextualização das avaliações, persistem problemas que ainda não estão resolvidos e têm que ser considerados. Beaton, Postlethwaite, Ross, Spearritt & Wolf (2000), Goldstein (1996; 2004), Kellaghan (2003), Kellaghan & Grisay (1995) e Riley & Torrance (2003) apontam problemas que persistem nos estudos internacionais de avaliação das aprendizagens adquiridas pelos alunos. A título de exemplo, podemos citar:

1. Sendo os sistemas educacionais, dos vários países, diferentes quanto aos objetivos que definem, às ênfases curriculares, aos tempos e espaços que atribuem aos diferentes domínios do currículo, torna-se muito difícil desenvolver uma metodologia que possa avaliar adequadamente os resultados em tal diversidade de currículos e contextos.

2. Considerando as diferenças estruturais e organizacionais dos diversos sistemas educacionais e ainda as diferenças culturais e sociais entre os países, não é fácil garantir a equivalência das

populações e das amostras de estudantes que se pretendem comparar. Por exemplo, pensemos nos países em que a escolaridade formal se inicia aos sete anos de idade e nos que se inicia aos seis anos de idade. Ou pensemos no que se espera socialmente de um jovem de quinze anos em alguns países e em outros.

3. Continua a ser difícil garantir que a tradução dos instrumentos tenha o mesmo significado ou seja interpretada da mesma forma em todos os países.
4. Sendo os resultados apresentados em termos de uma única classificação numérica, que se refere às aprendizagens, há problemas quanto aos pressupostos relativos à natureza da aprendizagem.
5. Não está garantido que os itens que integram os testes tenham o mesmo tipo de relevância curricular nos diferentes países. Uns podem dar-lhe uma grande importância e, outros, podem dar-lhe pouca ou mesmo nenhuma.
6. Vários países compararam os resultados de seus alunos em diferentes estudos internacionais e verificaram que não havia consistência. Os investigadores concluíram que parecia improvável que tais discrepâncias refletissem verdadeiras diferenças nas aprendizagens, inclinando-se para variações dos estudos quanto aos conhecimentos e processos avaliados, correção das respostas ou aos critérios utilizados na definição dos níveis de proficiência.
7. Parece não estar ainda garantido que todos os países participantes sigam fielmente os procedimentos emanados da coordenação dos estudos. Particularmente no que se refere aos procedimentos de identificação da população e respectiva seleção da amostra, de administração e correções dos testes ou de tradução.
8. Persistem problemas metodológicos relacionados com o *design* dos estudos nomeadamente no que se refere à natureza restritiva da modelação e análise dos dados, à sua interpretação e à ausência de uma dimensão longitudinal.

Todos esses problemas têm de ser considerados quando se analisam os resultados dos estudos internacionais. Parece-me que, do mesmo modo que não devemos ignorar os seus resultados, a qualidade de muitos de seus procedimentos e o saber, a competência e a integridade de seus pesquisadores responsáveis, também não devemos ignorar suas limitações. Algumas das quais podem mesmo invalidar quaisquer inferências minimamente confiáveis acerca das aprendizagens dos alunos.

Tanto quanto me é possível perceber, em muitos dos países participantes, não se têm considerado ou discutido devidamente essas limitações. Tenho a ideia que cada país terá problemas específicos de diversa ordem (por exemplo, alunos de uma dada idade distribuídos por vários anos de escolaridade ou a ausência de qualquer prática na resolução de testes de múltipla escolha por parte dos alunos da educação básica) que o poderá colocar, de início, numa posição desvantajosa. Valeria a pena estudar ponderadamente esses e outros problemas para que os resultados pudessem ser interpretados de forma mais informada e contextualizada em cada país. Na verdade, quando os resultados desses estudos são divulgados, em geral de forma muito negativa e até alarmista, surgem invariavelmente duas posições que, a meu ver, em nada contribuem para a discussão fundamentada e esclarecedora que se impõe. Uma é a de rejeição pura e simples dos resultados dos estudos, com base numa ou mais de suas conhecidas limitações. Outra é a de aceitá-los como indicadores incontestáveis e absolutos das falhas da escola *dominada pelos excessos das pedagogias*, utilizando-os, assim, como arma de arremesso político contra os que sustentam uma concepção do currículo e da escola que desenvolva, em *todos* os alunos, um amplo espectro de aprendizagens que lhes permitam integrar-se plenamente na sociedade. Ora, nem uma nem outra dessas posições habituais contribui para que se analisem os resultados com a profundidade, a imparcialidade e a objetividade aconselháveis. E, muito menos, para que deles se retirem as consequências que se revelem consistentes com uma visão estratégica de modernização, de democratização e de desenvolvimento dos sistemas educacionais. Parece-me que estamos no tempo em que a discussão sobre essas questões deve ter lugar em outro patamar de qualidade.

# 4
# INVESTIGAÇÃO, FORMAÇÃO, PRÁTICAS E POLÍTICAS: UMA AGENDA, MUITOS DESAFIOS

Neste livro abordou-se um conjunto relativamente amplo de questões de natureza teórica e prática que se referem à avaliação das aprendizagens. Houve, desde o início, dois tipos de preocupação. De um lado, definir *coordenadas* teóricas que fundamentem discussões, afirmações e pontos de vista. Por isso, promoveu-se alguma discussão em torno dos paradigmas que sustentam a avaliação psicométrica e a avaliação formativa alternativa. De outro, abordaram-se questões de natureza prática, discutindo princípios que devem orientar a avaliação integrada no ensino e na aprendizagem, da responsabilidade dos professores e das escolas, e analisando práticas de avaliação de professores.

Em cada uma das dimensões da avaliação das aprendizagens foram identificados problemas que se discutem na literatura, bem como práticas e questões que se mantêm em aberto. Este livro teve por objetivo enumerar um amplo, mas não exaustivo, conjunto de matérias que, a meu ver, convém continuar a analisar e discutir de forma sistemática, profunda e aberta.

Há questões que aqui não foram discutidas, algumas das quais necessitam de reflexão urgente e profunda, como é o caso das características psicométricas dos exames, dos seus efeitos nas escolas, nos professores e nos alunos ou da consistência das avaliações realizadas nas salas de aula. Há muito por fazer nessas matérias apesar do trabalho que, no nível dos exames, tem sido desenvolvido. No que se refere à validade e à consistência das avaliações que se realizam nas salas de aula, urge iniciar uma discussão que permita identificar processos inteligentes de moderação que ajudem a superar as atuais dificuldades.

De outro lado, o texto, ao enumerar e discutir um conjunto de assuntos relacionados com a avaliação das aprendizagens, tinha por objetivo definir uma agenda de ação que identificasse sumariamente a natureza dos problemas e, simultaneamente, contribuísse para traçar caminhos de desenvolvimento numa área científica reconhecidamente importante para a melhoria dos sistemas educativos.

A agenda acaba, inevitavelmente, por lançar desafios aos pesquisadores dessa área, às instituições de ensino superior, às escolas e a seus professores e também aos responsáveis políticos e técnico-pedagógicos dos sistemas educacionais e formativos.

Uma das primeiras constatações que me parece poder ser feita com legitimidade é a necesssidade de conceber e de pôr em prática programas de investigação minimamente consequentes e consistentes na área da avaliação das aprendizagens. Tais programas de pesquisa devem estabelecer prioridades, definir objetivos e estar devidamente articulados com reais necessidades de desenvolvimento dos sistemas educacionais nesta área. Isso significa que é necessário que se concebam projetos de pesquisa que nos ajudem a compreender uma variedade de fenômenos relativos à avaliação das aprendizagens que ocorrem nos contextos reais das salas de aula e das escolas.

Em tais condições, parece prioritária a definição de linhas de trabalho investigativo que se centrem nas salas de aula e nas escolas. Precisamos conhecer melhor o que, no domínio da avaliação das aprendizagens, acontece realmente nas salas de aula, nas escolas, no sistema educacional. Necessitamos investigar algumas questões como:

1. Como os professores integram a avaliação no ciclo do ensino e da aprendizagem?
2. Que dificuldades e constrangimentos parecem caracterizar os pensamentos, as concepções e as práticas dos professores no domínio da avaliação das aprendizagens?

3. Que critérios de avaliação adotam e como os articulam com o desenvolvimento das aprendizagens estruturantes que os alunos têm que realizar?
4. Que estratégias, técnicas e instrumentos de avaliação privilegiam? E por quê?
5. Qual o papel dos alunos, dos pais ou encarregados de educação e de outros professores no processo de avaliação?
6. Como se poderão caracterizar as tarefas de avaliação utilizadas pelos professores? Como são selecionadas?
7. Como se poderá caracterizar a avaliação que os professores designam como formativa? Há articulações perceptíveis entre a avaliação formativa e a avaliação somativa? Qual sua natureza?
8. Que articulação existe entre os professores de uma escola quanto às suas práticas de avaliação e de ensino?
9. Que efeitos tem a avaliação externa nas práticas de ensino e de avaliação dos professores?
10. Que efeitos tem a avaliação interna nas motivações e no desenvolvimento das aprendizagens dos alunos?
11. Que análise fazem os professores dos resultados de seus alunos ou de suas escolas nas provas de avaliação externa? Como os utilizam? Que articulações estabelecem entre a avaliação interna e a avaliação externa?
12. Como se poderão caracterizar as medidas de apoio à disposição dos professores? Os professores participam na definição de tais medidas? Que níveis de apoio podemos identificar? Como funcionam?

A análise da literatura sugere que é necessário um esforço sério de formação, mas não uma formação generalista sobre avaliação! Urge contextualizar e concretizar, nas diferentes disciplinas, estratégias de avaliação que integrem o ensino e a avaliação e respondam às dificuldades sentidas por muitos professores em promoverem nas suas aulas uma avaliação alternativa mais válida, abrangente, transparente, exigente, diversificada e com tarefas mais significativas dos pontos de vista educativo e formativo. A função primordial da avaliação é a de ajudar os alunos a aprender. Logo, é desejável que qualquer formação em avaliação integre equipes de formadores ligados ao currículo, à avaliação e às didáticas das disciplinas. De outro lado, a formação tem de estar bem-relacionada com a investigação e, naturalmente, com as práticas. Os processos de formação deveriam ter um enquadramento tal que permitisse abordagens alternativas que nada têm que ver com *classes de professores* ouvindo o que os formadores têm para dizer. Ou seja, abordagens em que a formação é feita *com* os professores e não *para* os professores, num processo em que as práticas não podem deixar de ser um elemento que contextualiza e dá real significado a todo o conjunto de perspectivas teóricas, discussões e reflexões que a formação deve proporcionar. A formação só tem real sentido se estiver devidamente articulada com os processos de pesquisa. Na verdade, é a partir da investigação que se pode sistematizar um importante conjunto de práticas, saberes, estratégias e atitudes que ajudem a reconstruir concepções e práticas nos processos de formação (Fernandes, 2006d). De outro, a investigação, utilizando a formação como contexto, permite-nos perceber os significados que os professores atribuem a todo o conjunto de problemas que a avaliação das aprendizagens lhes coloca na organização do seu ensino. Em suma, há uma relação *Formação-Investigação-Prática* que tem de ser aprofundada e devidamente considerada. Ora, a Administração da Educação tem aqui um importante papel a desempenhar, pois cabe-lhe proporcionar as condições que permitam o desenvolvimento daquela relação. Mas também poderá incentivar projetos concretos, de natureza longitudinal, a serem desenvolvidos nas escolas e os quais possam contar com a colaboração de pesquisadores, formadores e professores. Tais projetos devem ter uma preocupação primordial: desenvolver *políticas de avaliação* nas escolas para melhorar as aprendizagens dos alunos mediante a reflexão e a intervenção crítica sobre as práticas, por processos de formação contextualizados e pela investigação sistemática de tais práticas e processos. Repito, são projetos que a Administração pode facilmente incentivar, apoiar e difundir, contribuindo para a criação de redes inteligentes de análise de experiências, de saberes e de políticas locais.

Como tenho afirmado, as escolas, por intermédio de seus órgãos próprios, podem definir *políticas de avaliação das aprendizagens* que respondam às orientações do currículo nacional e aos seus projetos educacionais. Tais *políticas* devem contribuir para a definição de critérios de avaliação devidamente articulados com as aprendizagens estruturantes e essenciais a desenvolver e com as tarefas que se devem propor aos alunos. Dessa forma, as escolas podem contribuir para melhorar substancialmente a consistência de suas avaliações e, em consequência, melhorar sua credibilidade junto à comunidade educativa e da sociedade em geral. Há sistemas de moderação que a escola e seus professores podem adotar para que, pelo menos no que diz respeito às aprendizagens de conceitos, processos ou procedimentos estruturantes, haja alguma uniformização de procedimentos no nível do ensino e da avaliação. A ideia é a de conseguir que todos os alunos tenham reais oportunidades para aprender e que a equidade na avaliação seja uma realidade.

Em contrapartida, no que diz respeito à avaliação externa, as escolas devem prever mecanismos de análise e discussão de seus resultados e de resultados dos seus alunos para que, a partir daí, possam retirar as devidas consequências para a eventual reformulação de suas *políticas* de ensino e de avaliação. As escolas não devem ficar indiferentes aos resultados das avaliações externas, quaisquer que eles sejam, pois, de certo modo, é uma forma de se verem no espelho e decidirem se têm que fazer alguma coisa acerca da imagem que é refletida. Além disso, é importante que comparem o currículo que é avaliado pela avaliação externa com o que é avaliado por suas avaliações internas, que analisem os efeitos das avaliações externas nas *políticas* da escola e, sobretudo, nos professores e no seu ensino, nos alunos e nas suas aprendizagens.

Naturalmente que há entidades responsáveis pela administração da educação que não podem ficar indiferentes a esses desafios que as escolas têm que enfrentar para que contribuam efetivamente para a modernização de procedimentos, para que a equidade seja uma realidade e para que o ensino e as aprendizagens entrem em outro patamar de exigência e de qualidade.

Os Ministérios da Educação, como veremos em outros pontos desta agenda, não podem deixar as escolas entregues a si próprias em matérias com a relevância do ensino, da aprendizagem e da avaliação, a essência do processo de educação e de formação. Têm de produzir e distribuir materiais de qualidade nos domínios do ensino e da avaliação produzidos por equipes amplas de pesquisadores e professores. Mas é essencial que esses materiais sejam associados a processos de formação que envolvam ativamente as escolas e os professores, pois a prática e a investigação mostram-nos que é manifestamente insuficiente produzir os materiais e enviá-los às escolas. Não basta dizer que as escolas têm autonomia nesta ou naquela área e, como tal, devem resolver os problemas...

A questão é muito *simples*. Imaginemos que, num dado sistema educativo, há razões para crer que a consistência da avaliação interna no ensino fundamental é débil e, sendo assim, pode estar pondo em causa a equidade, pois não sabemos se todos os alunos têm acesso ao mesmo tipo de oportunidades de aprendizagem. Imaginemos ainda que ninguém estará em condições de garantir que todos os alunos tiveram oportunidades para aprender este ou aquele domínio essencial e estruturante do currículo. Como essa situação deve ser encarada pela Administração da Educação? Como irá trabalhar com as escolas? Que tipo de meios de formação irá disponibilizar? Delineará um plano integrado, coerente e participado para melhorar a qualidade do ensino e da avaliação no ensino fundamental? Ou pensará, de forma simplista, que esses problemas se resolvem pela administração de exames?

Nos casos em que há avaliação externa, importa que ela obedeça a uma ação deliberadamente planejada e articulada com objetivos e com consequências formativas e de desenvolvimento para o sistema, as escolas, os alunos e os pais. Vejamos o caso dos exames nacionais do fim do ensino médio, com efeitos na progressão acadêmica dos alunos. Sendo uma avaliação externa em larga escala, referida à norma, é necessário garantir que suas características psicométricas sejam aceitáveis e de acordo com o que são os *padrões* internacionalmente recomendados e aceitos. E essa questão é relevante porque dela depende a equidade do processo. Ninguém, com certeza, aceitaria que o aluno A ou a aluna B tivessem acesso ao ensino superior por razões de validade ou confiabilidade dos exames e não por razões devidas às suas aprendizagens. Parece-me, por isso, que as entidades responsáveis devem trabalhar para divulgar esses e outros parâmetros psicométricos, como os índices de dificuldade e de discriminação dos itens. O processo de exames deve ser transparente e aberto à discussão e ao escrutínio dos cidadãos nas questões relativas à qualidade das provas pois, dessa forma, poder-se-á contribuir para uma discussão pública mais bem fundamentada. Por isso mesmo me parece relevante a divulgação de relatórios em que se analisem e interpretem os resultados, explicitando tendências, já que, na maioria dos casos, as séries de dados existentes assim o permitem.

Outro problema que tem de ser tornado mais transparente é o processo de correção das provas. Trata-se de uma matéria muito delicada, da maior importância, com efeitos que podem questionar completamente a equidade e a justiça de todo o processo.

De outro lado, seria importante que as análises e as interpretações dos resultados permitissem também caracterizar o currículo que está efetivamente sendo avaliado e o tipo de efeitos que se sentem, inclusive, no que diz respeito às aprendizagens dos alunos. Uma questão sempre muito interessante é a de saber se os alunos estão aprendendo mais e melhor após a entrada em vigor dos exames. Ou será que estão aprendendo menos? Será que, neste momento, teremos respostas para essas e outras questões tão essenciais? Julgo que os processos de exames nacionais poderiam estar associados a programas permanentes de pesquisa. Dessa forma talvez pudessem se tornar mais claros, desempenhando mais adequadamente as suas funções de avaliação dos alunos e do sistema educacional. Só assim, pela discussão fundamentada, aberta e sem preconceitos, os atores no processo dos exames, em qualquer nível, poderão compreendê-lo melhor e contribuir para que a cultura de avaliação se enriqueça.

Além disso, podem criar-se condições para que professores e alunos vivam tal realidade de forma mais positiva, mais consciente e mais crítica. Isto é, percebendo melhor o que os exames nos dizem e ensinam e aquilo que eles nunca nos poderão dizer e ensinar.

Em muitos países da Europa (França, Portugal, Suécia), na América do Norte, Austrália e em outros existem avaliações externas que não têm qualquer impacto na progressão acadêmica dos alunos e têm um grande impacto na definição de políticas, no desenvolvimento do currículo ou na melhoria das práticas educativas em vários níveis. Essas avaliações têm várias vantagens que não devem ser desprezadas. Podem avaliar domínios do currículo que não podem ser testados pelos exames. Podem ser realizadas em disciplinas que não são objeto de exame. Podem servir para dar sinais importantes aos professores e aos alunos acerca do que é necessário valorizar. De outro lado, podem ser administradas aos alunos pelos próprios professores, nas suas aulas, o que lhes confere uma natureza menos formal que os exames, permitindo assim gerir o tempo e os procedimentos de administração de forma mais flexível e menos estandardizada do que a que se tem de impôr nos exames.

É a muitos títulos desejável que esses tipos de avaliações possam ser desenvolvidas. Para tanto é necessário integrá-las num todo coerente de contribuições para a avaliação dos alunos, das escolas e do sistema. Dificilmente se poderá conceber um programa de provas dessa natureza sem um projeto associado de pesquisa que descreva, analise e interprete os dados e seja capaz de intervir para fazer recomendações que façam sentido para os líderes políticos, para as escolas, para os professores e para os alunos.

No domínio das avaliações externas internacionais, a situação não é muito diferente. Se a decisão for no sentido de participar nesse tipo de avaliações, então torna-se necessário delinear uma estratégia, com objetivos que considerem o desenvolvimento do sistema, com ampla discussão e elaboração de relatórios nacionais que tenham real impacto na sociedade e, sobretudo, nos níveis de decisão política, nas escolas e nos professores. É importante promover programas de pesquisa que lhes estejam associados para que nos apropriemos de desenvolvimentos no nível da elaboração e da análise de itens e de resultados que normalmente aparecem associados a esses projetos e podem ser úteis aos mais variados níveis.

Mas é também muito importante divulgar serena e objetivamente as limitações sérias que esses estudos internacionais continuam a revelar. É preciso que as sociedades percebam que há limitações muito significativas e fundamentadas relativamente a esse tipo de estudos internacionais. Há limitações que vão da validade e confiabilidade das provas até as questões relacionadas com as traduções dos enunciados das perguntas ou, ainda, às questões metodológicas e de tratamento estatístico dos dados (Goldstein, 2004; Riley e Torrance, 2003).

De outro lado, os resultados nacionais deveriam ser apresentados de forma mais *fina* para permitirem um conhecimento mais realista da situação de cada país participante. Por exemplo, o PISA foi dirigido a jovens de quinze anos que, em condições normais, deveriam frequentar o 10º ou o 11º ano de escolaridade. Acontece que, em vários países que participaram, entre os quais Portugal, há muitos jovens de quinze anos frequentando o ensino fundamental! Consequentemente, os alunos de tais países estarão, logo de início, numa situação de desvantagem. Ora, parece-me necessário que as sociedades percebam esses fatos elementares.

É preciso definir uma política de avaliação que integre e relacione todas essas variáveis, que credibilize e valorize efetivamente uma avaliação interna de natureza formativa e promova sua adequada articulação com uma avaliação externa que pode e deve ter seu papel nos sistemas educacionais. Nesse sentido, organizam-se e sintetizam-se a seguir algumas ideias decorrentes das discussões que se mantiveram ao longo deste livro, para sugerir ações de política educacional que me parecem imprescindíveis no domínio específico da melhoria das aprendizagens dos alunos e, consequentemente, da qualidade dos sistemas educacionais.

Parece claro que as considerações e as reflexões que aqui se produziram ilustram que há uma relação muito significativa entre a avaliação que se desenvolve nas salas de aula e o ensino e a aprendizagem. Os resultados da investigação apresentada mostram-nos, sem margem para quaisquer dúvidas, que a avaliação formativa, quando utilizada de modo adequado, associada a um *feedback* que oriente e apoie, contribui de forma clara e inequívoca para que os alunos aprendam mais e, sobretudo, melhor. Refira-se que a pesquisa também mostra que os alunos com dificuldades são aqueles que mais se beneficiarão dos efeitos da avaliação formativa. Não se trata da minha opinião nem das opiniões de outrem. São evidências resultantes de cerca de trinta anos de investigação internacional sobre a matéria. Apesar de esses resultados serem conhecidos, reconhecidos e em geral aceitos pelas comunidades educacionais e até por setores mais amplos da sociedade, é evidente que não se pode dispensar uma intervenção consistente, coerente e devidamente planejada em nível da política educativa.

A avaliação pode melhorar a qualidade das aprendizagens e, em consequência, a qualidade do sistema educacional globalmente considerado. Mas temos de saber utilizá-la. Apesar de sabermos que não há quaisquer resultados da pesquisa que nos mostrem que aumentar a quantidade de exames, ou de outro tipo de avaliações dessa natureza, melhora as aprendizagens dos alunos, os governos de muitos países insistem nessa linha de ação. Ora, o que temos de fazer é investir mais nas avaliações que se desenvolvem pelos professores nas salas de aula, pois é aí que se pode e deve aprender. Como se tem visto, a avaliação formativa é com certeza um elemento-chave no desenvolvimento do sucesso educativo. Por isso, as políticas educacionais têm de estar mais focadas nas escolas e no que se passa nas salas de aula, apoiando os professores para avaliar e para ensinar melhor.

Como também decorre da discussão que se fez ao longo do livro, há um conjunto de dificuldades que têm de ser ultrapassadas. Uma das principais tem relação com o fato de a avaliação formativa não ser, na realidade, posta em prática em muitas escolas e salas de aula. Avaliar para aprender não é, infelizmente, o que mais ocorre nas escolas, um pouco por todo o mundo. Avaliar para classificar ou para selecionar ou para certificar parecem ser as preocupações dominantes. E essa orientação tem gravíssimas consequências em nível das qualificações dos jovens em muitos países, pois acaba por lhes transmitir desânimo e desmotivação e, mais grave ainda, leva centenas de milhares de alunos à reprovação e/ou ao abandono, puro e simples, da escola.

Temos de saber coordenar e articular bem todas as modalidades de avaliação existentes no sistema. Uma opção é avaliarmos as aprendizagens dos alunos tendo em vista a atribuição de classificações e, se quisermos, sua certificação. Outra opção, substancialmente distinta, é avaliar os alunos para que eles aprendam. Ambas as abordagens têm procedimentos que lhes são próprios e estão muito mais bem estabelecidos no primeiro caso do que no segundo. Aliás, em geral, as políticas educacionais estão mais orientadas para promover e investir na primeira abordagem do que na segunda. Ora, há aqui uma contradição que tem que ser devidamente compreendida e ultrapassada, pois aquilo que nós hoje sabemos com segurança é que a segunda abordagem é a única que nos pode ajudar a melhorar as aprendizagens dos alunos. É a única que pode garantir que as aprendizagens se desenvolvam com compreensão e, por isso, passíveis de ser mais facilmente adotadas em outros contextos. Note-se que não se assume aqui uma alternativa radical, negando, nessa fase do desenvolvimento dos sistemas educacionais, a necessidade de avaliar para classificar, para certificar ou mesmo para a chamada *prestação de contas*. O que aqui se pretende assumir é a produção de um conjunto de sugestões muito pragmáticas cujo objetivo é a introdução de mudanças nas orientações e ênfases das políticas educacionais no que se refere à avaliação.

É preciso alterar o rumo das políticas educacionais no que se refere à avaliação. Só se conseguirmos fazê-lo poderemos alterar de modo significativo o atual estado da educação, contribuindo decisivamente para que crianças e jovens entrem em um outro patamar de desenvolvimento, bem diferente de uma certa mediocridade que se instalou e teima em persistir.

O que acontece é que temos de aprender a olhar para a avaliação de outra maneira. A avaliação não pode ser vista como uma mera solução política, por vezes uma falsa solução política, para os problemas que se manifestam nas escolas relativamente às aprendizagens dos alunos. A avaliação também não pode apenas ser vista como um instrumento que é excelente para a prestação de contas por parte das escolas e dos professores. Não. A avaliação tem de ser fundamental e principalmente assumida como um poderosíssimo processo que serve para aprender. É tão simples como isto. Lamentavelmente, essa visão, essa simples visão, está longe de fazer parte da cultura instituída em muitos sistemas educacionais como, por exemplo, faz parte da cultura dos países do norte da Europa. Na verdade, a coleta e os usos que se fazem das informações avaliativas são, em geral, insatisfatórias, quer se trate de avaliações internas, quer de avaliações externas. E isso apesar de muitas iniciativas que, ao longo dos anos, têm sido realizadas para apoiar os professores e as escolas no domínio da avaliação, algumas das quais já nos referimos antes. Provavelmente, precisamos de um tipo de apoio diferente que se tentará recomendar mais adiante.

Sintetizando, poderemos dizer que, ao longo deste livro, se evidenciaram alguns fatores que podem ser determinantes para que se possa concretizar uma concepção da avaliação orientada para a melhoria das aprendizagens. Destacarei aqui alguns dos mais relevantes:

- os alunos devem ser ativamente envolvidos no processo de sua aprendizagem e de sua avaliação;
- o *feedback* é fundamental e imprescindível para que a avaliação possa melhorar as aprendizagens;
- a avaliação deve permitir a alunos e professores a regulação dos processos de aprendizagem e de ensino;
- os alunos devem desenvolver competências no domínio da autoavaliação e perceber como poderão superar suas dificuldades;
- a informação avaliativa deve ser obtida mediante uma diversidade de estratégias, técnicas e instrumentos;
- a avaliação influencia de modo significativo a motivação e a autoestima dos alunos; e
- a motivação e a autoestima têm uma influência muito forte nas aprendizagens.

De outro lado, também foi possível identificar um conjunto de dificuldades que têm contribuído para que a avaliação seja de natureza marcadamente somativa e, por isso, orientada quase exclusivamente para classificar, certificar ou selecionar os alunos. Referem-se aqui as seguintes:

- convicção generalizada de que a avaliação realizada pelos professores nas salas de aula é de natureza formativa, o que induz, erradamente, à ideia de que a prática da avaliação formativa nas escolas é um dado adquirido;
- pouca ênfase na avaliação da qualidade das aprendizagens desenvolvidas pelos alunos;
- pouca explicitação junto dos alunos quanto ao que necessitam fazer para superar suas dificuldades e para aprender;
- insuficiente, ou mesmo ausente, explicitação de critérios de avaliação que, em muitos casos, são confundidos com critérios de classificação;
- *feedback*, em geral, insuficientemente explicitado, mal distribuído e pouco frequente, acabando por contribuir muito pouco para ajudar os alunos a aprender;
- ênfase no processo de classificação, em vez de no processo de avaliação, atingindo muitas vezes a autoestima dos alunos, que acabam por não receber as orientações de que necessitam para melhorar;
- pouca diversidade na utilização de estratégias, técnicas e instrumentos de avaliação, predominando o uso de testes.

Essas são dificuldades conhecidas e aqui enunciadas tendo em vista a formulação de estratégias que podem contribuir para superá-las. É importante ressaltou aqui que há também muitos professores, em muitas salas de aula, que desenvolvem uma *avaliação para as aprendizagens* ou, se quisermos, uma *avaliação formativa alternativa*. Promovem observações sistemáticas do trabalho dos alunos, incentivam os alunos a raciocinar mediante a formulação regular de questões não rotineiras, encorajam a autoavaliação e a autorregulação das aprendizagens ou empregam positivamente o *feedback*. Isso entre outras ações e processos próprios de uma avaliação formativa alternativa, orientada para melhorar. Em tais condições, tendo em conta a discussão desenvolvida, parece-me razoável sugerir o seguinte conjunto de medidas de política educacional.

1. A avaliação como meio de melhorar as aprendizagens dos alunos e, consequentemente, a qualidade global dos sistemas educacionais deve ser uma das prioridades centrais das políticas educacionais em todos os níveis de escolaridade.
2. Os serviços dos Ministérios da Educação deverão ser orientados e mobilizados para proporcionarem apoio às escolas e aos professores no desenvolvimento do currículo das diferentes disciplinas e de estratégias de avaliação formativa que ajudem a melhorar as aprendizagens dos alunos. Há serviços que deverão desempenhar aqui papel da maior relevância, sendo necessário promover a formação que melhore e atualize as competências dos seus colaboradores na área da avaliação em geral e, em particular, da avaliação para melhorar as aprendizagens.
3. A planificação e o desenvolvimento da formação na área da avaliação deve resultar de um adequado equilíbrio e de uma estreita articulação entre a *Investigação*, a *Formação* e as *Práticas*. Por isso, é fundamental a colaboração entre instituições do ensino superior, estruturas de formação e as escolas.
4. A formação contínua de professores, muito particularmente a que se desenvolve com base nas escolas, deve dar prioridade e canalizar os correspondentes recursos à formação na área da avaliação formativa destinada a melhorar as aprendizagens. A participação ativa das escolas e dos professores nesse processo deve ser facilitada e fortemente encorajada.
5. Deve haver um investimento devidamente coordenado na disseminação de materiais que possam constituir exemplos claros de como a avaliação formativa, para melhorar as aprendizagens, pode fazer parte das práticas curriculares que ocorrem nas salas de aula.

6. Todas as medidas até aqui enunciadas devem ser regularmente acompanhadas, desde a fase de concepção, por um sistema de avaliação externa que contribua para sua regulação.

Como os leitores poderão facilmente imaginar, seria possível enunciar aqui muitas medidas, porventura mais elaboradas e sofisticadas, mas a ideia é a de sugerir isso mesmo: medidas simples que, de fato, possam ser concretizadas com meios relativamente modestos.

Do meu ponto de vista, quaisquer que sejam as *grandes estratégias* de política educacional delineadas para os próximos anos, será grave não ter em atenção o que a pesquisa sobre a relação da avaliação com as aprendizagens nos tem demonstrado nos últimos trinta anos. Ou seja, será um erro não dar prioridade muito destacada à melhoria das aprendizagens através de uma avaliação de natureza marcadamente formativa, cuja principal função seja a de ajudar os alunos a aprender. Estou certo de que é possível melhorar o atual estado dos sistemas educacionais e de que a concretização das medidas propostas poderá contribuir de modo significativo para que tal desígnio, partilhado por tantos, se torne uma realidade nos próximos anos.

# ANEXO
# UMA SELEÇÃO DE PUBLICAÇÕES NA ÁREA DA AVALIAÇÃO DAS APRENDIZAGENS

No fim da década de 1980 e, muito particularmente, na de 1990, assistiu-se a uma grande proliferação de publicações de natureza diversa com reflexões, pesquisas e considerações teóricas e práticas relativamente à avaliação das aprendizagens dos alunos. Instituições e autores produziram, e continuam a produzir, milhares de páginas nas quais se discutem questões de desenvolvimento dos sistemas educacionais, do ensino e das aprendizagens e os papéis que a avaliação tem desempenhado e deverá vir a desempenhar nesse desenvolvimento. Pareceu-me importante destacar aqui algumas publicações a que tenho tido acesso e considero não só relevantes em si mesmas, mas também pelas influências que têm exercido nas comunidades de pesquisadores, educadores e professores e, em geral, de todos os que estão interessados na avaliação das aprendizagens. Como não podia deixar de ser, as publicações aqui apresentadas refletem os debates paradigmáticos, as principais preocupações sociais, políticas e educacionais, as tendências mais ou menos reformistas e os momentos políticos dos períodos em que foram escritas.

São publicações que poderão ser úteis a professores, investigadores e, em geral, a todos os que trabalham em instituições que se dedicam à avaliação, ou ainda a todos aqueles que, de algum modo, contribuem para a tomada de decisões, de política educacional ou outras, nesse domínio. Trata-se apenas de uma sugestão baseada num conjunto de referências que conheço e não de uma lista exaustiva e sistemática de todas as publicações que surgiram a partir do período indicado.

Não se referem todas e cada uma das publicações de forma exaustiva nem se faz uma análise crítica aprofundada e muito menos se emitem quaisquer juízos de valor. Fazem-se apenas revisões telegráficas de cada uma, chamando a atenção dos leitores para suas principais características ou sublinhando os principais pontos de vista dos autores. O fato de uma publicação constar ou não desta breve análise não está de forma alguma relacionado com qualquer juízo de valor que se tenha feito acerca da qualidade ou da orientação da publicação em causa. Na verdade, apresentam-se aqui trabalhos que partem de pressupostos filosóficos e conceituais de que não partilho, ou que não partilho integralmente, e apresentam níveis de aprofundamento teórico, de abrangência ou de clareza muito variados. A ideia é tão-só a de sistematizar a literatura que tem sido publicada, que existe e pode eventualmente revelar-se útil.

## Autores anglo-saxões

No fim da década de 1980, Desmond Nuttall, pesquisador inglês prematuramente falecido, editou um livro notável integralmente dedicado à avaliação das aprendizagens com um conjunto de artigos que abordam questões que vão desde a avaliação em larga escala, tal como se organiza em vários países do mundo, até as questões relacionadas com a busca de alternativas à avaliação predominante nos sistemas educacionais (Nuttall, 1986).

No início da década de 1990 é publicado um conjunto de livros de leitura incontornável no domínio da avaliação das aprendizagens (Berlak, Newmann, Adams, Archbald, Burgess, Raven e Romberg, 1992; Gifford e O'Connor, 1992; Gipps, 1994; Stake 1991a; 1991b). Todos atribuem ênfase particular à análise e à discussão de paradigmas que sustentam diferentes abordagens teóricas e práticas

AVALIAR PARA APRENDER 171

de avaliação, à organização e funcionamento de exames nacionais e de avaliações em larga escala, sem qualquer impacto na progressão dos alunos, às questões de validade, confiabilidade, equidade e comparabilidade dos instrumentos utilizados e/ou dos resultados por eles produzidos ou ainda às políticas educacionais no âmbito da avaliação. Deve aqui destacar-se o excelente conjunto de artigos constante nos dois volumes editados por Stake (1991a; 1991b). Num deles se discutem as relações entre as necessidades de reformar a educação e as políticas de avaliação. São apresentadas e discutidas perspectivas sobre políticas de avaliação em diferentes países, questões referentes à comparação entre escolas a partir da utilização dos resultados em provas de avaliação externa e formas de lidar com as diferenças e de preservar a individualidade. No outro se analisam os efeitos da avaliação externa obrigatória (com ou sem efeitos na progressão dos alunos) nas práticas de ensino. Começam por ser apresentados os efeitos positivos e negativos da avaliação externa na organização e no funcionamento das escolas; depois, apresentam-se, discutem-se e analisam-se percepções de professores sobre o impacto das avaliações externas no ensino e, mais geralmente, nos contextos das salas de aula. Por último, em três artigos, discutem-se desenvolvimentos teóricos e conceituais no domínio da avaliação e sua relação com mudanças nas respectivas políticas.

É ainda no início dos anos 1990 que a Associação de Professores de Matemática dos Estados Unidos, o *National Council of Teachers of Mathematics* (NCTM), à imagem do que aconteceu com outras instituições e associações de professores de outras disciplinas, dedica inteiramente seu *Yearbook* de 1993 à avaliação das aprendizagens nas salas de aula de Matemática (Webb e Coxford, 1993) e, dois anos depois, publica um documento programático de grande relevância – *Assessment Standards for School Mathematics* (NCTM, 1995) – que estabelece um conjunto de *padrões* destinados a orientar as práticas de avaliação dos professores de Matemática. Este último é um documento cujo conteúdo é perfeitamente transferível para outros contextos, disciplinares ou não, e está traduzido e editado em

Português pela Associação de Professores de Matemática (APM) (NCTM, 1999).

Em 1994, um grupo de pesquisadores ingleses da Universidade de Bristol e do Instituto de Educação da Universidade de Londres, entre os quais estão Patricia Broadfoot, Gordon Stobart e Harvey Goldstein, criou a revista *Assessment in Education: Principles, Policy & Practice*, que, ao longo dos últimos dez anos, tem contribuído de forma notável para o desenvolvimento teórico no domínio da avaliação das aprendizagens. Apesar de existirem numerosas revistas dedicadas à avaliação, ou em que a avaliação ocupa um lugar de destaque, a *Assessment in Education* trouxe uma dinâmica nova ao campo da avaliação, quer pela qualidade e pelo prestígio acadêmico e profissional dos seus editores, quer pela sua linha editorial que, deliberadamente, incentivou os pesquisadores a apresentarem uma diversidade de perspectivas e de questões que passou a acolher em suas páginas. Trata-se de uma revista que rejeita qualquer dogmatismo e quaisquer preconceitos paradigmáticos ou outros e, inegavelmente, tem contribuído para a afirmação da avaliação das aprendizagens como campo de inegável importância no nível da investigação, do desenvolvimento teórico e das políticas educacionais.

Permito-me, só a título de exemplo, fazer aqui referência a três números especiais dessa revista. Um publicado em 1996 e os outros dois em 1998.

O número dois, do volume três, de 1996 é integralmente dedicado aos estudos promovidos pela *International Association for the Evaluation of Educational Achievement* (IEA), organização não-governamental, sediada na Holanda, pioneira no desenvolvimento de estudos internacionais de avaliação das aprendizagens, como é o caso do *Third International Mathematics and Science Study* (TIMSS) de que Portugal participou. Kellaghan (1996), num artigo do referido número, analisa de forma particularmente oportuna e pertinente relações que se podem estabelecer entre os estudos da IEA, seus objetivos, seus processos e seus resultados, com o desenvolvimento das políticas educacionais.

O número um, do volume cinco, de 1998 é inteiramente dedicado à avaliação das aprendizagens e, muito particularmente, à avaliação formativa e às suas relações com a avaliação somativa. Inclui o incontornável e bem conhecido artigo de Black & Wiliam (1998), "Assessment and Classroom Learning", muito útil para quem quer analisar com alguma profundidade o que dez anos de pesquisa nos mostram acerca do emprego da avaliação formativa em salas de aula. Perrenoud (1998a) contribui com um artigo de natureza essencialmente teórica, elaborando sobre a regulação controlada dos processos de aprendizagem e procurando ampliar o campo conceitual da avaliação formativa. Trata-se de um artigo que, de certo modo, é uma reação ao de Black & Wiliam, cuja análise parece estar muito centrada na identificação da avaliação formativa com o *feedback* e nas ações que os professores devem empreender para que a avaliação formativa seja uma realidade nas salas de aula. Em outro artigo, que merece aqui referência, é feita uma discussão no plano teórico acerca do conceito de avaliação formativa, procurando esclarecer suas características mais marcantes e relacionando-as com o processo de ensino e de aprendizagem (Sadler, 1998). Outros artigos, reagindo ao texto de Black & Wiliam, abordam questões gerais de avaliação das aprendizagens de natureza teórica e prática (Dwyer, 1998) e o papel da avaliação somativa nos processos de ensino, de aprendizagem e de avaliação (Biggs, 1998).

O número três, do volume cinco, é dedicado à utilização de portfólios e aos registos de avaliação, incluindo artigos de Koretz (1998) e Wolf (1998) que abordam, respectivamente, o uso de portfólios na avaliação em larga escala no ensino regular e na formação vocacional, e de Broadfoot (1998), que dedica um artigo à questão dos registos de avaliação no contexto da chamada sociedade da aprendizagem, discutindo problemas e contradições inerentes aos processos e formas que tais registros podem assumir.

Após a primeira metade da década de 1990, a *Association of Teacher Educators* norte-americana publicou seu *Handbook of Research on Teacher Education* (Sikula, 1996), no qual se inclui um artigo dedicado à avaliação autêntica (Tellez, 1996). Merece ainda referência um livro editado por Gary Phye que inclui um conjunto de dezoito artigos de natureza teórica e prática (avaliação das aprendizagens nos jardins de infância e nas aulas de Matemática, de Estudos Sociais, de Línguas, de Artes Visuais) e artigos relativos à avaliação em larga escala e ao desenvolvimento de *padrões* (Phye, 1997).

Mais recentemente, foi publicada a segunda edição do já clássico *Evaluation Models: View Points on Educational and Human Services Evaluation* (Stufflebeam, Madaus e Kellaghan, 2000), cuja primeira edição data de 1983. Nessa segunda edição, os editores mantiveram apenas sete artigos da edição anterior, promoveram a revisão de três e acrescentaram quinze. Apesar de se centrar essencialmente na avaliação de programas, o livro contém artigos de natureza teórica relevantes para a compreensão e a conceitualização da avaliação das aprendizagens (Madaus e Kellaghan, 2000; Madaus e Stufflebeam, 2000; Scriven, 2000; Stake, 2000). Inclui ainda dois artigos mais diretamente relacionados à avaliação das aprendizagens (Madaus, Haney e Kreitzer, 2000; Kellaghan e Madaus, 2000).

A *American Educational Research Association* (AERA) publicou a quarta edição de seu *Handbook of Research on Teaching* (Richardson, 2001) no qual consta um artigo de leitura obrigatória sobre o papel da avaliação na sala de aula, no ensino e na aprendizagem (Shepard, 2001). Na verdade, é um artigo de considerável abrangência e profundidade, quer no domínio estritamente teórico e conceitual, quer ainda no plano das discussões e orientações de natureza prática. Deve-se mencionar que aquele *Handbook* foi publicado sensivelmente de dez em dez anos e constitui uma referência de grande qualidade no domínio da pesquisa em ensino, apresentando frequentemente *estados da arte* de várias áreas e domínios de pesquisa.

Finalmente, assinala-se a publicação, em dois volumes, do *International Handbook of Educational Evaluation* (Kellaghan e Stufflebeam, 2003), com quatro capítulos dedicados à avaliação das aprendizagens: um de Mislevy, Wilson, Ercikan e Chudowsky (2003), que discute princípios psicométricos presentes na avaliação das aprendizagens dos alunos; um de Airasian e Abrams (2003), que apresentam e discutem cinco formas de avaliação na sala de aula que se realizam antes, durante e depois do ensino e, na opinião dos autores, representam a maioria das avaliações que os professores desenvolvem; um de Gipps e Stobart (2003), em que se enunciam e discutem as características de uma avaliação alternativa a partir do contraste que estabelecem entre o *paradigma psicométrico* e o que decidiram designar por *paradigma educativo*, talvez para sublinharem a sua ênfase na melhoria das aprendizagens e no desenvolvimento acadêmico e pessoal dos alunos; e um de Kellaghan e Madaus (2003), em que se discutem exaustivamente as características, as formas de desenvolvimento, a validade, a confiabilidade, a comparabilidade, a equidade, as vantagens e desvantagens dos exames nacionais, mas também as vantagens e desvantagens das avaliações internas, baseadas nas escolas.

## Autores francófonos

Apesar de esta apresentação de publicações estar mais centrada nas que surgiram a partir do fim da década de 1980, seria uma lacuna importante abordar a literatura de autores francófonos sem fazer referência a um livro que foi publicado em 1979, na sequência de um colóquio sobre avaliação das aprendizagens que ocorreu na Universidade de Genève em 1978 (Allal, Cardinet e Perrenoud, 1979). Na verdade, foi um livro que, pelo menos na Europa, influenciou marcadamente o desenvolvimento da investigação, da teoria e das práticas sobre avaliação das aprendizagens.

O livro surgiu em um momento em que os conceitos de avaliação formativa e de avaliação somativa, elaborados por Scriven (1967), tinham pouco mais de dez anos, em que as concepções de aprendizagem eram fortemente dominadas pelos teóricos associacionistas e behavioristas e as concepções dominantes sobre o currículo e a avaliação assentavam-se nas teorias da eficiência social e da "medida científica". Foi uma publicação que marcou a agenda da pesquisa e da reflexão teórica em muitas instituições europeias de ensino e investigação. Em particular no que se refere à elaboração e ao aprofundamento de conceitos, como o de avaliação formativa, o de avaliação somativa, o de diferenciação pedagógica ou o de regulação e de autorregulação. Isso a partir de novas visões do currículo, da aprendizagem e da avaliação. Mas foi também muito relevante pelo fato de expressar uma clara preocupação dos autores em alargar e enriquecer o campo conceitual da avaliação por meio de contributos da Sociologia e da Psicologia Cognitiva e de uma consequente abertura às análises baseadas nos pressupostos de outros paradigmas. Além disso, expressou ainda uma clara preocupação dos autores na análise sistemática e deliberada das práticas, procurando lidar com várias contradições existentes entre estas e as formulações teóricas dos pesquisadores.

O livro foi traduzido e publicado em Portugal sete anos após sua publicação na Suíça (Allal, Cardinet e Perrenoud, 1986). Inclui dezesseis artigos dos quais salientarei apenas três.

Perrenoud (1986) parte de uma análise sociológica dos sistemas de ensino para discutir o papel e o lugar da avaliação e da diferenciação nesses mesmos sistemas. Analisa e discute exaustivamente as desigualdades que decorrem de um sistema que está organizado para que os alunos sejam todos tratados da mesma maneira, num ensino marcadamente uniforme, coletivo e indiferenciado. Defende, por isso, a *diferenciação pedagógica* e afirma que a avaliação está na origem das desigualdades perante as aprendizagens e perante o sucesso, embora não possa ser considerada a única responsável por tal situação.

Allal (1986) produziu um texto que, na época, foi pioneiro, pois contribuiu para que a avaliação das aprendizagens pudesse começar a ser analisada num quadro teórico diferente do behaviorista. Um quadro teórico que levou em conta as dimensões cognitiva, afetiva e social das aprendizagens e as relações que se estabelecem no interior de um sistema de formação. No que se refere à avaliação formativa, Allal descreve, discute e contrasta as concepções dos behavioristas e neobehavioristas, de um lado, e as dos cognitivistas, de outro. A discussão é feita segundo três dimensões: a coleta de informação, sua interpretação e a adaptação das atividades pedagógicas. A conclusão mais abrangente e significativa é a de que, numa perspectiva cognitivista, há uma clara ênfase nos processos de aprendizagem, na compreensão dos processos cognitivos utilizados pelos alunos, na avaliação contextualizada, com recurso a uma diversidade de processos de coleta de informação. Hoje, podemos constatar, facilmente, as *dificuldades* de Allal em separar as duas principais concepções de avaliação. De fato, os recursos teóricos do construtivismo e do cognitivismo da época eram ainda limitados e os pesquisadores estavam ainda bastante dependentes dos que lhes eram disponibilizados pelas perspectivas teóricas dos behavioristas.

De Ketele (1986) elabora sobre os conceitos de avaliação formativa e somativa assim como os de individualização e de diferenciação, considerando-os elementos-chave no desenvolvimento da avaliação. Trata-se de um artigo de grande racionalidade, que procura responder a questões como: *Para que avaliar?*, *Que decisões tomar?*, *Quando avaliar?* ou *Quem avaliar?*. Por exemplo, De Ketele afirma que, em relação à terceira questão, se deverá avaliar: a) *antes* dos processos de ensino e aprendizagem, para *orientar*; b) *durante*, para *regular*; e c) *após*, para fazer o *balanço*.

Ainda na década de 1980 poderemos nos referir a trabalhos significativos de Cardinet (1986), Perrenoud (1988a; 1988b) e Bonniol (1989), todos com uma preocupação clara em elaborar uma teoria da avaliação formativa.

Cardinet (1986), numa compilação de artigos de sua autoria, analisa de forma abrangente, profunda e crítica a avaliação dominante nos sistemas educativos, mais orientada para as classificações e para as certificações em detrimento da função reguladora das aprendizagens. Tal como é referido por outros autores aqui referenciados, Cardinet também considera que a avaliação é um fator de discriminação dos alunos provenientes de classes sociais com mais dificuldades. Esse livro tem uma tradução portuguesa (Cardinet, 1993).

Perrenoud (1988a), de forma realista e ciente das múltiplas dificuldades e resistências existentes, sugere um conjunto de condições de natureza organizativa, pedagógica e funcional que, supostamente, facilitam uma prática de avaliação de natureza formativa. Curiosamente, tal como outros pesquisadores (Black e Wiliam, 1998a; 1998b;

Shepard, 2000; 2001), aquele autor sublinha que, apesar de o desenvolvimento da avaliação formativa nas escolas públicas requerer uma vontade política clara e uma estratégia coerente, também passa por iniciativas dos inovadores, pelas investigações que se vão produzindo e por experiências piloto. Mas também por um conjunto de medidas mais gerais e convergentes, que vão da formação dos professores e da informação aos pais até as necessárias intervenções na organização e funcionamento das escolas ou nos próprios programas escolares.

Em outro trabalho, Perrenoud (1988b) afirma que a avaliação formativa só será possível no contexto de outra pedagogia e de outra escola. Tal pedagogia e tal escola exigem um ensino mais diferenciado e individualizado e uma permanente ação reguladora e autorreguladora por parte de professores e alunos. O autor enuncia e discute vários obstáculos que impedem a concretização da função reguladora da avaliação formativa, como um entendimento inadequado dos mecanismos da aprendizagem, a falta de tempo por parte de professores ou a excessiva concentração na realização das tarefas, em detrimento das aprendizagens que tal realização pressupõe.

Bonniol (1989) já desenvolvera e analisara pesquisa que sugeria o que é hoje um resultado inequivocamente sólido: os alunos inseridos em salas de aula em que a avaliação formativa é uma prática sistemática aprendem mais e melhor do que aqueles que não se beneficiam dessa prática. Esse resultado foi claramente evidenciado por Black & Wiliam (1998a) após a revisão de 250 trabalhos de pesquisa empírica feita em salas de aula, um pouco por todo o mundo, onde a avaliação formativa era uma realidade. Bonniol (1989) considera que uma avaliação só poderá ser considerada formativa se houver um dispositivo de regulação e se sua incidência se fizer sentir sobre as *operações* que o aluno tiver de efetuar. A partir desse pressuposto, desenvolve uma discussão sobre as funções da regulação e sobre as *operações* que os alunos deverão realizar na maioria das disciplinas, como a análise e a compreensão. Uma de suas conclusões é a de que a avaliação formativa favorece claramente a compreensão.

Na década de 1990, tal como aconteceu relativamente às publicações de origem anglo-saxônica, também surge uma considerável quantidade de livros e artigos de autores francófonos de que destacarei aqui alguns dos que me pareceram mais significativos (Abrecht, 1991; De Ketele, 1993; Grégoire, 1996; Bonniol e Vial, 1997; Hadji, 1990; 1992; Nunziati, 1990; Perrenoud, 1991; Weiss, 1991).

Nunziati (1990), em artigo de natureza essencialmente teórica, discute as características e os fundamentos metodológicos e epistemológicos do conceito *avaliação formadora*, referindo sua relevância na formação e na didática. É um conceito desenvolvido a partir de um projeto de pesquisa em que a autora participou com Bonniol, mas que acabou sendo elaborado por Scallon. O cerne da distinção entre avaliação formadora e avaliação formativa reside no controle da regulação das aprendizagens. No primeiro caso o controle é essencialmente exercido pelos alunos, ao passo que no segundo é mais exercido pelos professores. Poder-se-á dizer que, para essa autora, toda a avaliação formadora é formativa, mas nem toda a avaliação formativa é formadora.

Hadji (1990) publicou um artigo de inquestionável referência no domínio da avaliação das aprendizagens, em que defende a perspectiva, então inovadora, de que a Aprendizagem deve ser Assistida pela Avaliação (AAA). Nessas condições, sustenta que avaliação deve identificar os pontos fortes (permite ao aluno compreender a situação em que está sendo avaliado) e fracos (a dificuldade em interpretar o que se observa) dos processos de aprendizagem que o aluno está desenvolvendo. De outro lado, esse autor considera que, só se a informação recolhida for útil, será possível regular eficazmente a aprendizagem.

Perrenoud (1991) prossegue nesse trabalho sua reflexão teórica acerca da avaliação formativa, insistindo na necessidade de se diversificarem dinâmicas e abordagens de ensino, de se ampliar a observação, a intervenção e a regulação (retroativa, interativa e pós-ativa) nas salas de aula, tendo em vista uma pedagogia mais eficaz. Nesse sentido, sublinha a ideia de que a avaliação formativa deve estar muito associada à didática, podendo esta assumir-se como dispositivo de regulação. A regulação não deve ser um momento específico da ação pedagógica, mas uma componente permanente do processo. Perrenoud considera ainda que a avaliação formativa é uma forma, entre outras, de regular o processo de ensino e aprendizagem, que deve intervir apenas em último recurso. Ou seja, deve ser uma forma de regulação por defeito, não para minimizar o papel da observação e da intervenção do professor, mas para não desperdiçar esse valioso recurso.

No livro de Abrecht (1991) é feita uma reflexão crítica sobre a avaliação formativa com base na discussão e esclarecimento dos fundamentos de teorias de avaliação existentes. Na perspectiva desse autor a avaliação formativa é indissociável das dúvidas e das interrogações que os alunos demonstram acerca do processo de aprendizagem. A avaliação formativa é encarada também como uma forma de o aluno, como pessoa singular, tomar consciência do seu processo, único, de aprendizagem. É o aluno que, perante um conjunto de objetivos e de critérios, encontra os meios para os alcançar. É ainda o aluno que deve encontrar formas de ultrapassar suas dificuldades. Nessa perspectiva, o erro deve ser encarado como um momento de aprendizagem e não como uma fraqueza repreensível. Abrecht, na senda de Nunziati (1990), faz a distinção entre avaliação formativa e avaliação formadora, considerando que a primeira dá prioridade às estratégias pedagógicas de regulação utilizadas pelo professor e a segunda à regulação assegurada pelo próprio aluno. Citando Allal, Abrecht assevera que é difícil fundamentar uma teoria unificadora sobre a avaliação formativa a partir das teorias behaviorista (ou neobehaviorista) e cognitivista, que são as que mais influenciam o pensamento sobre a avaliação das aprendizagens. Em contrapartida, é interessante sua preocupação em alertar-nos para a possibilidade de a avaliação formativa se poder reduzir a um conjunto de avaliações microssomativas.

Ainda no mesmo ano, Weiss (1991) coordena a edição de um livro que teve origem em uma série de trabalhos apresentados num colóquio promovido pela *Association pour le Développement des Méthodologies d'Evaluation en Education* (ADMEE), centrado na temática da *Comunicação em Avaliação*. O conjunto de artigos reunidos nesse livro aborda questões tão diversificadas como: a) as representações de cada ator em relação à avaliação; b) os processos de comunicação que se desenvolvem entre avaliador e avaliado, muitas vezes complexos, ambíguos e até paradoxais; c) a dificuldade em medir objetivamente as aprendizagens; d) a concordância entre o que se tem intenção de avaliar e o que realmente se avalia; ou e) a explicitação progressiva de referenciais de avaliação e de critérios de excelência. Cardinet (1991) contribui com um artigo que, de certo modo, analisa e sintetiza todos os outros trabalhos, considerando os contributos sociocognitivos para as teorias e as práticas da avaliação. São especialmente analisados a regulação interativa entre o professor e o aluno, os diálogos, as representações e as interações com o ambiente social em que ambos estão inseridos.

Hadji (1992) acentua a importância de pôr a avaliação ao serviço dos chamados atores educativos (professores, alunos, pais, gestores). São discutidas questões como: a) as relações entre as ações e as avaliações para identificar processos de avaliação que permitam agir melhor; b) os diferentes paradigmas de avaliação, uns mais orientados para a avaliação como medida e outros mais orientados para a avaliação como monitorização ou como *pilotagem*; c) os conceitos de avaliação formativa e de avaliação formadora; d) a avaliação pedagógica, que deve estar estreitamente relacionada com as aprendizagens e é um processo essencial na *pilotagem* das ações didáticas – trata-se da *Aprendizagem Assistida pela Avaliação* (AAA), já antes referida, em que se destaca claramente o papel do *feedback*; e e) algumas modalidades de avaliação que podem influenciar positivamente a dinâmica das instituições. Para Hadji, independentemente das concepções de cada avaliador, *avaliar* é sempre um processo que nos leva a emitir opiniões sobre uma dada realidade, num certo contexto e tendo como principal referente um conjunto de expectativas. De Ketele (1993) discute diferentes paradigmas da avaliação, alguns dos quais não se poderão considerar propriamente no âmbito da avaliação das aprendizagens. Trata-se de uma sistematização que contribuiu para esclarecer os diferentes elementos distintivos de paradigmas tão diferentes como o *paradigma da avaliação centrada nos objetivos* (de raiz behaviorista) ou o *paradigma da avaliação formativa para um ensino diferenciado* (de raiz construtivista e cognitivista).

Num livro editado por Grégoire (1996), em que se reúnem dez artigos de outros tantos autores, discute-se, em geral, implicações das teorias de natureza cognitivista no desenvolvimento de novas práticas de avaliação formativa e de avaliação diagnóstica. Nesse âmbito, são discutidos e analisados os processos metacognitivos que os alunos utilizam para ultrapassarem suas dificuldades em diversas áreas do conhecimento (Matemática, Leitura). São discutidas perspectivas que contrariam a influência behaviorista que, como é sabido, tende a focar em realidades mais diretamente observáveis, como é o caso dos resultados dos alunos, em detrimento dos processos que estes utilizam na resolução de tarefas e, em geral, na aprendizagem. É feita ainda uma discussão que relaciona os princípios da psicometria com novas formas de avaliar.

Bonniol & Vial (1997) fazem uma revisão teórica no intuito de reagrupar uma série de trabalhos consagrados à *avaliação,* fazendo transparecer a complexificação crescente do conceito e dos seus processos de referenciação. O modelo de análise adotado acaba por evidenciar três perspectivas epistemológicas: a) a *avaliação como medida,* muito associada à avaliação de resultados com base em instrumentos *cientificamente* construídos; b) a *avaliação como gestão,* muito orientada para os procedimentos e as normas e para o apoio aos decisores; e c) a *avaliação como problemática do sentido,* mais associada aos significados que os participantes atribuem aos fenômenos que os rodeiam, mais subjetiva, mais participada e partilhada por todos os atores no processo.

No que se refere a publicações deste século, fazem-se aqui alguns comentários a livros de Jorro (2000), de Vial (2001) de Figari & Achouche (Orgs.) (2001), de Scallon (2004) e de Roegiers (2004). Comentam-se ainda dois artigos de Perrenoud (2001; 2004).

Jorro (2000) desenvolve seu trabalho em torno da figura do professor-avaliador, partindo do pressuposto, mais ou menos óbvio, de que a avaliação é imprescindível para que os alunos possam ser ajudados a aprender melhor. É feita uma discussão acerca das concepções e práticas dos professores relativamente à avaliação, que, como se sabe, são geradoras de algumas tensões entre o que os professores pensam, dizem que pensam e sabem e o que os professores efetivamente fazem ou dizem que fazem. Consequentemente, a autora acaba por descrever algumas das atitudes que os professores poderão desenvolver em face da avaliação dos processos de aprendizagem dos alunos.

Perrenoud (2001) analisa e discute as funções da avaliação formativa e da avaliação certificativa, relacionando-as com os papéis que professores, que supostamente desenvolvem a avaliação formativa, e examinadores, que supostamente fazem a avaliação somativa, desempenham ou podem desempenhar. O que, no fundo, Perrenoud defende nesse artigo é que os professores deveriam assumir os dois papéis (curiosamente os papéis que os professores portugueses da educação básica têm há anos). Mas, para tal, argumenta, seria necessário que eles praticassem efetivamente uma avaliação formativa *autêntica* muito apoiada na *observação formativa* e no contexto de um ensino mais diferenciado. O verdadeiro conflito, diz Perrenoud, não está entre formar e certificar, mas entre lógicas de formação e lógicas de exclusão ou de seleção. Mais do que um problema metodológico, trata-se de um problema epistemológico.

Vial (2001), tal como Jorro (2000), elabora sobre a problematização e a reconceitualização em torno da formação/avaliação das práticas dos próprios avaliadores, abordando temáticas como a *autoavaliação*, os *critérios*, o *projeto* ou a *regulação*. A partir do que havia delineado em 1997 (Bonniol & Vial), aprofunda as três concepções base sobre avaliação: centrada nos *produtos*, isto é, associada ao controle da eficácia e da rentabilização; centrada nos *procedimentos* de aprendizagem, considerando o funcionamento do controle dos conhecimentos; ou centrada nos *processos* e dinâmicas de mudança entre os sujeitos, no qual a avaliação é comunicação para a mobilização – motivação.

Tal como no caso de Weiss (1991), acima comentado, o livro organizado por Figari & Achouche (2001) reúne um conjunto significativo de trabalhos de reflexão e/ou de pesquisa apresentados num colóquio da ADMEE. A ideia que parece ter presidido a organização do colóquio e do livro foi a de questionar, ou a de voltar a questionar, a avaliação, quer no domínio das concepções que acerca dela se sustentam, quer no domínio das práticas, quer ainda no domínio dos modelos teóricos que a propagam ou fundamentam. As reflexões e as discussões, feitas sobretudo no contexto do ensino e da aprendizagem socioprofissional, incluem a emergente avaliação de competências, as estratégias de aprendizagem e o papel das estratégias metacognitivas dos alunos nos seus processos de autoavaliação. Figari, na análise e reflexão que faz acerca dos trabalhos publicados no livro, organiza-os em cinco domínios de pesquisa: a) a avaliação como prática social; b) a economia da avaliação; c) as relações entre a avaliação e o valor ou o mérito; d) o recurso à meta-avaliação; e e) as relações entre a avaliação e a pesquisa.

Perrenoud (2004) centra sua análise e discussão na avaliação de competências. O que o autor defende é que a escola sempre visou ao desenvolvimento de competências e de conhecimentos, pois, se os sistemas educacionais têm-se preocupado em avaliar conhecimentos *contextualizados* e *mobilizados*, estão promovendo a avaliação de competências. O autor afirma que a avaliação de competências não é um problema novo e está muito mais próxima da avaliação de conhecimentos do que muitos autores têm considerado. Um dos principais obstáculos à avaliação de competências não é técnico, mas epistemológico. Por isso, infere-se desse trabalho a relevância do conhecimento, da discussão e da reflexão acerca dos fundamentos conceituais da avaliação.

Scallon (2004), seguindo uma tendência recente de abordagem curricular baseada em competências, discute o lugar da avaliação, suas funções e suas estratégias nesse contexto. O conceito de competência é discutido com base em um conjunto de *elementos*, como o *saber*, o *saber-fazer*, as *estratégias* (definindo o comportamento estratégico como o principal determinante da autonomia do indivíduo, por ser ele mesmo a escolher o(s) meio(s) mais adequado(s) para efetivar sua aprendizagem), e o *saber-ser* (domínio menos explorado em que estão subjacentes a afetividade, as atitudes, os gostos, os valores ou as motivações). De outro, o autor considera que a avaliação de competências deve ser contextualizada e baseada em critérios que acabam por determinar os procedimentos mais adequados para coletar informação de qualidade que evidencie, ou não, as aprendizagens realizadas. A esse propósito, Scallon dá o exemplo do portfólio como estratégia com grande potencial para pôr em evidência as aprendizagens do aluno, uma vez que requer sua participação ativa na construção e avaliação dessas mesmas aprendizagens.

Roegiers (2004) também publicou um livro em que a avaliação de competências é o tema aglutinador. O autor discute o conceito de avaliação, repensa suas funções certificativa e formativa e considera que a avaliação de competências pode ser uma alternativa a uma avaliação de natureza somativa mais limitada no seu âmbito e bem mais modesta em seu alcance educacional e formativo. São também discutidos procedimentos e problemas relacionados com a avaliação dos desempenhos dos alunos em situações complexas e apresentados os portfólios como exemplos de estratégias com mais credibilidade de coleta de informação útil nesse tipo de contextos.

## Autores espanhóis

Rosales (1984) assume uma posição defensora da avaliação formativa em face das maiores possibilidades que esta oferece na constante melhoria do processo de ensino/aprendizagem. Após uma apresentação do significado e tipos de avaliação, bem como de instrumentos usados na avaliação de objetivos educacionais, o autor aprofunda as áreas da avaliação dos conteúdos didáticos, dos docentes, dos alunos e dos recursos didáticos, apresentando critérios gerais a aplicar em tais avaliações, assim como técnicas e procedimentos específicos. A finalidade última dessa publicação é a de possibilitar um contato com a problemática da avaliação formativa e dar a conhecer as potencialidades desse tipo de avaliação na melhoria da atuação dos docentes e do desempenho do sistema educacional em seu conjunto.

Guerra (1995) reúne um conjunto de trabalhos relativos à qualidade dos processos educacionais em contexto escolar e em contexto social, refletindo acerca das conclusões a que se poderão chegar quando a avaliação das escolas se reduz praticamente à avaliação dos alunos. Guerra argumenta que esse fato está relacionado com fenômenos de poder, de privilégio e de domínio. Por isso, defende um redirecionar da avaliação num sentido mais democrático, de forma que a avaliação se constitua como fator de diálogo, compreensão e melhoria dos sistemas educacionais, o que implica mudar de perspectiva quanto ao âmbito, atores, finalidades e metodologias do processo de avaliação.

Pérez (1995) parece pretender demonstrar com esse livro a estreita relação entre avaliação e mudanças educacionais. Assumindo uma visão crítica relativamente à realidade que retrata, destaca-se a abordagem feita à avaliação que se pratica nas escolas, a análise qualitativa da relação entre avaliação e insucesso escolar e a reflexão em torno do papel da administração educacional na renovação pedagógica.

Juste e Ramos (1995) atribuem à avaliação o papel mais influente no desenvolvimento e na eficácia de um sistema educacional e dedicam essa publicação ao estudo dos fundamentos culturais e técnicos da avaliação educacional. Porque todos os elementos do processo educacional são passíveis de ser avaliados, o livro percorre um conjunto amplo de problemáticas, nomeadamente a avaliação do desempenho dos alunos.

Balester et al. (2000) são responsáveis por um conjunto de textos sobre a avaliação, entendida como o elemento do processo educacional que pode e deve proporcionar a aprendizagem. São abordados vários princípios, modelos e funções da avaliação e aprofundam-se temas como a possibilidade de uma avaliação democrática, o binômio saber/saber-fazer no quadro de uma proposta para a melhoria da avaliação e o portfólio como estratégia alternativa de avaliação.

Bélair (2000) reposiciona a avaliação, situando-a numa abordagem pedagógica e permitindo, desse modo, que o professor desempenhe seu papel de avaliador no justo respeito pelos alunos e pelos critérios que devem reger a avaliação. É proposta uma nova definição para a avaliação, em que ganham destaque os princípios de cooperação, comunicação e transparência na relação entre avaliador e avaliado.

Rosales (2000) propõe uma reconceitualização da avaliação para refletir sobre o ensino. Oferece alguns exemplos de orientações para estimular a reflexão em torno de dimensões como a integração de pessoas com deficiência, a educação ambiental, os recursos didáticos e a interação contextualizada em sala de aula. Descreve também uma experiência baseada na utilização de dados sobre incidentes críticos e apresenta um modelo para sua coleta e análise.

Méndez (2001), perante a ideia generalizada de que nas escolas se avalia muito, defende antes a perspectiva de que se examina muito e se avalia muito pouco. Essa ideia parece querer contrastar duas visões: uma que orienta os sistemas para a avaliação formativa, cuja principal função é a de que os alunos aprendam e melhorem suas aprendizagens, e outra que tem por base a avaliação somativa externa (ou interna), destinada a classificar, certificar e selecionar os alunos, nomeadamente mediante exames. Méndez sustenta que alunos e professores aprendem relativamente pouco através dos exames que, em geral, se limitam a verificar saberes ou ignorâncias de domínios mais ou menos limitados do currículo. Nessa linha, afirma ainda que, quando a avaliação se reduz aos exames, deixa de ter um papel fundamental no desenvolvimento das aprendizagens, transformando-se num instrumento que, em muitos casos, pode acabar na exclusão escolar e social dos alunos. O autor relaciona questões éticas inerentes ao processo de avaliação que devem levá-la a estar ao serviço dos professores, para melhorarem suas práticas, e dos alunos, para aprenderem melhor, para se integrarem na sociedade e terem acesso aos bens culturais e científicos. Refira-se, por fim, que há uma edição portuguesa desse livro (Méndez, 2002).

Casanova (2002) publicou um manual partindo da constatação de que a aplicação da avaliação contínua e formativa está longe de corresponder ao desejável, em termos de amplitude e consequências. O confronto entre o legalmente previsto e a prática revela incoerências e distâncias significativas. Os exames desempenham um papel primordial na competição entre alunos, considerando a natureza fortemente competitiva das sociedades atuais. A razão de ser do livro, em sua oitava edição, é a de fornecer uma fundamentação teórica atualizada da avaliação educacional, acompanhada de uma coerente aplicação prática. A avaliação é encarada como base sustentável das inovações educacionais, quer no domínio curricular, quer no domínio organizativo.

Guerra (2003), apesar de se debruçar fundamentalmente sobre a avaliação de escolas, professores e reformas, considera que a avaliação deve ser utilizada como forma de gerar uma cultura generalizada de reflexão e como meio de aprendizagem para todos os atores. O autor apresenta uma concepção ampla da avaliação, chamando a atenção para suas dimensões política, social, moral e ética e não apenas para sua dimensão técnica ou mesmo pedagógica. Destaca ainda, entre outros princípios mais ou menos comuns na literatura da especialidade, que a avaliação não pode ser entendida como um ato isolado, mas, sim, como um processo contínuo, sistemático e contextualizado e que a meta-avaliação é uma componente fundamental na regulação dos processos avaliativos.

## Autores portugueses

Também em Portugal há um considerável número de livros e de outras publicações na área da avaliação das aprendizagens publicados nos últimos vinte anos, em particular na década de 1990. Esse fato pode ser resultado, pelo menos em parte, da criação do Instituto de Inovação Educacional (IIE), extinto em 2002, que tinha funções específicas no domínio da avaliação e o qual foi responsável por um conjunto de iniciativas nessa área. Mas também da publicação, por parte do Ministério da Educação, de despachos que sublinhavam a natureza eminentemente formativa da avaliação a desenvolver nas escolas básicas e secundárias. De fato, tais despachos (Despacho 162/ME/91; Despacho 98-A/92; Despacho 338/93) afirmaram claramente alguns princípios de avaliação que, num certo sentido, *rompiam* com as perspectivas associacionistas e behavioristas em que, muitas vezes, assentavam orientações e normativos publicados e divulgados anteriormente. Sublinhe-se que aqueles despachos eram coerentes com o disposto na Lei 46 de 1986, a *Lei de Bases do Sistema Educativo*, que destaca de forma muito clara o papel da avaliação formativa.

Consequentemente, muitos dos artigos e livros publicados a partir de 1991-1992 resultam de reações, mais ou menos críticas, de natureza pedagógica, didática ou mesmo política, de reflexões teóricas, de interpretações sistematizadas dos normativos, de sugestões de concretização das medidas propostas ou, ainda, em número reduzido, de pesquisas empíricas (Boavida e Barreira, 1992; Cardoso, 1992b; Caria, 1994; Conceição, 1993a; Fernandes, 1992b; 1993a; 1994a; IIE, 1992b; Lemos et al., 1992; Lobo, 1998; Trindade, 1992).

Mas analisemos então artigos e livros de autores portugueses publicados nas últimas duas décadas.

No início dos anos 1980, Cortesão e Torres (1983; 1984) publicam dois livros que constituem um marco relevante no desenvolvimento do pensamento pedagógico português sobre a avaliação das aprendizagens. Os livros decorreram do trabalho que as autoras encetaram no projeto "Formação de Formadores", no âmbito do Acordo Luso-Sueco, que funcionou no extinto Gabinete de Estudos e Planejamento (GEP) do Ministério da Educação, no início da década de 1980. São livros claramente marcados pela preocupação das autoras em combater o insucesso escolar com base no papel que a avaliação formativa pode e deve ter nesse combate. As autoras alicerçam as suas concepções e as suas propostas pedagógicas em princípios como: a) todos os alunos podem aprender; b) as escolas podem contribuir para melhorar as aprendizagens, apesar de estarem integradas num macrossistema social; ou c) a avaliação é um processo de natureza eminentemente pedagógica. Cortesão e Torres (1983; 1984) fazem um enquadramento teórico e conceitual com referências relevantes, quer de origem francófona, quer de origem anglo-saxônica. De um ponto de vista mais prático, as autoras sugerem temas de discussão e estratégias para superar o insucesso mediante um significativo conjunto de exemplos de materiais a usar em contexto escolar.

Uma autora portuguesa e um autor belga publicaram um livro em Portugal centrado na relevante temática da observação (Damas e De Ketele, 1985). Reconhecendo a complexidade do processo de observação e sua importância como meio privilegiado de coleta de informação avaliativa, sistematizam os seus aspectos essenciais, discutem sua pertinência, sua validação e a coleta e o tratamento de evidências de aprendizagem.

Lemos (1988) escreve um manual que, de certo modo, é pioneiro na organização, sistematização e, sobretudo, no esclarecimento de conceitos de avaliação. Trata-se de um livro de pendor marcadamente técnico, que teve o mérito de abordar os conceitos de uma forma simples e acessível, nomeadamente noções básicas relativas ao tratamento e à interpretação da informação. Apresenta e discute um conjunto de técnicas de avaliação tendo em vista sua fácil aplicação nas salas de aula por parte dos professores. Apesar de dar um certo relevo aos aspectos relacionados com a construção e o uso de testes, não deixa de fazer referência a outros instrumentos de avaliação (registros de observação e questionários de opinião), discutindo como os dados assim recolhidos podem apoiar o ensino e as aprendizagens. É talvez um dos livros de avaliação de maior divulgação. A primeira edição foi publicada em 1986 e atualmente se encontra na sétima edição.

Um manual que também constitui uma referência importante nas publicações da área da avaliação foi concebido e organizado para apoiar um curso de ensino a distância da Universidade Aberta (Ribeiro e Ribeiro, 1989). Destinado a professores, teve como objetivos a sistematização de informações e atividades passíveis de serem avaliadas no âmbito do referido curso, bem como a ampliação e o enriquecimento dos horizontes e da capacidade de reflexão dos professores. O planejamento e a avaliação do ensino e das aprendizagens são aqui assumidas como áreas cruciais da formação de professores, os pontos de partida e de apoio indispensáveis para todo o processo de ensino. Assim, os autores sistematizam e cobrem um conjunto amplo de questões, designadamente as que se referem ao contexto do ensino e das aprendizagens, à seleção, formulação e classificação de objetivos, às hierarquias, prioridades, estratégias e atividades de ensino e aprendizagem, bem como aos variados tipos de avaliação.

Em 1990, o número três, do volume quatro, da revista do então Instituto de Inovação Educacional, *Inovação*, foi integralmente dedicado à avaliação. Quatro dos nove artigos publicados abordam, de forma mais ou menos evidente, problemas relacionados com a avaliação das aprendizagens dos alunos, que vão desde a validação de um instrumento de avaliação da compreensão da leitura (Carvalho, 1990) à avaliação formativa na aprendizagem de uma língua estrangeira (Rocha, 1990), à avaliação de competências matemáticas no contexto de um projeto de inovação curricular (Leal e Abrantes, 1990) ou às relações que se podem ou devem estabelecer entre a avaliação dos alunos e a inovação em educação (Benavente, 1990).

Ribeiro (1991) escreve um manual que também constitui uma referência no panorama da literatura portuguesa sobre avaliação das aprendizagens. É uma publicação que sistematiza e organiza uma variedade de aspectos relativos ao planejamento do ensino e, naturalmente, à avaliação dos resultados da aprendizagem. A autora propõe grande variedade de materiais que procuram responder às questões prementes de avaliação e parecem de fácil emprego no dia a dia dos professores. Fiel a uma racionalidade técnica que transparece ao longo de todo o livro e parece consistente com as perspectivas teóricas e epistemológicas que enquadram toda a apresentação e discussão dos assuntos, Ribeiro apresenta e discute com invulgar clareza questões como: a) a definição e a classificação de objetivos; b) a determinação de prioridades na aprendizagem; c) a utilização de diferentes tipos de avaliação; e d) a concepção, elaboração e uso de instrumentos de avaliação, com particular relevância para os testes.

A partir de 1992, no âmbito do Departamento de Avaliação Pedagógica do extinto Instituto de Inovação Educacional, inicia-se a concepção e a elaboração de um conjunto de *Folhas* organizado nos seguintes temas: A) Perspectivas de Avaliação; B) Avaliação Formativa; C) Avaliação Somativa; D) Pedagogia Diferenciada e Apoios Educativos; E) Projectos de Avaliação; e F) Avaliação Aferida. As *Folhas* foram sendo distribuídas por todas as escolas do ensino básico, para apoiar a concretização das medidas previstas no Despacho 98-A/92, e incluídas num dossiê intitulado *Pensar Avaliação, Melhorar a Aprendizagem* (Fernandes, s.d. Coord.) que, aliás, era a designação de um projeto maior que articulava a Investigação, a Formação e as Práticas no domínio da avaliação. Foi um projeto que se prolongou até 1994, sob a coordenação do autor deste livro, que envolveu largas centenas de professores e assentava em dois princípios basilares: a) Todas as crianças podem aprender; e b) A avaliação deve estar integrada no processo de ensino e aprendizagem e sua principal função é a de melhorar esse processo. Em particular, contribuindo para que os alunos aprendam melhor. As *Folhas* tinham sempre um enquadramento teórico e conceitual, apresentando de forma simples e sucinta sugestões de atividades a desenvolver pelos professores e uma bibliografia recomendada. Foi nesse âmbito que, por exemplo, se divulgaram os portfólios, na altura uma estratégia de avaliação pouco conhecida, ou mesmo desconhecida, entre nós (Fernandes, Neves, Campos, Conceição e Alaiz, s.d.).

Estrela e Nóvoa (1992) promovem a publicação de um livro em que constam sete artigos que versam sobre várias áreas da avaliação em educação, dois dos quais estão mais diretamente relacionados com a avaliação das aprendizagens. Um desses dois artigos é da autoria de um pesquisador português, que faz uma discussão do conceito de currículo e das influências da avaliação no desenvolvimento dos métodos de ensino e de aprendizagem. Com base nessa discussão o autor enquadra uma reflexão em torno dos papéis que os testes poderão ter na comunicação de certas concepções sobre o currículo e nas suas relações com outras importantes dimensões do processo de ensino e do processo de aprendizagem (Cardoso, 1992a).

Já após a publicação do Despacho 98-A/92, Lemos, Neves, Campos, Conceição e Alaiz (1992) descrevem, discutem e analisam em profundidade os conteúdos do referido despacho mas, sobretudo, suas consequências para a organização do processo de ensino, de aprendizagem e de avaliação nas salas de aula. Esse livro dá uma clara ênfase ao papel da avaliação formativa na melhoria das aprendizagens dos alunos, enquadrando conceitual e teoricamente as várias modalidades de avaliação. Os autores apresentam e discutem um conjunto de técnicas e instrumentos de avaliação e dão exemplos concretos de aplicação úteis aos professores.

Ainda em 1992, a revista *Noesis*, no seu número 23, inclui um dossiê sobre avaliação das aprendizagens. A maioria dos onze artigos publicados centra-se na reflexão teórica sobre questões relativas à avaliação das aprendizagens, na interpretação do Despacho 98-A/92 e em questões específicas da avaliação na educação básica. Refiram-se, por exemplo, os artigos de Alonso (1992), que parte do paradigma curricular para discutir a avaliação como processo reflexivo, devidamente contextualizado e associado a uma função formativa e orientadora ou de Salgado (1992), que faz uma clara e inequívoca apologia da avaliação como processo eminentemente pedagógico, destinado a melhorar as aprendizagens dos alunos num contexto de desenvolvimento do currículo mais informado pelas teorias da aprendizagem.

Cortesão (1993) aborda resumidamente alguns princípios e teorias que enquadram o conceito de avaliação formativa, reflete sobre a validade deste tipo de avaliação quando aplicada cotidianamente em sala de aula, descreve representações que sobre ela se constroem, identifica problemas decorrentes de sua aplicação e elenca um conjunto de sugestões práticas. A autora dá especial relevância a duas características da avaliação formativa: sua indissociação da relação interpessoal entre professor e aluno e sua função reguladora do processo de ensino e aprendizagem, estando, por esta via, fortemente associada às abordagens interpretativas do insucesso escolar e à discussão do papel interventivo do professor.

Vieira e Moreira (1993), tendo em conta as orientações constantes no novo normativo da avaliação das aprendizagens para o ensino básico, escrevem um manual destinado a apoiar os professores da disciplina de Inglês dos 2º e 3º ciclos. Partindo de uma elaborada fundamentação teórica e conceitual, as autoras dão uma variedade de exemplos de tarefas e instrumentos de avaliação que podem ser adotados diretamente nas salas de aula. Sublinhe-se a nítida relação que as autoras estabelecem entre as questões didáticas e as questões da avaliação centrada no processo. As atividades propostas partem sempre do pressuposto de que o aluno reflete sobre seu desempenho e progresso. As autoras discutem e analisam a avaliação como forma de autorregulação e de melhoria progressiva das práticas do professor.

Leite, Pacheco, Moreira, Terrassêca, Carvalho e Jordão (1993) fazem um conjunto de considerações sobre a temática da avaliação, concedendo destaque aos seguintes aspectos: a evolução e as respectivas características do pensamento avaliativo; práticas de avaliação que vão sendo desenvolvidas e objetivos subjacentes às experiências de avaliação em curso nos ensinos básico e secundário e representações que os professores delas têm. Tendo em conta desenvolvimentos teóricos que consideram relevantes e ainda os princípios definidos no Despacho 98-A/92, os autores fazem também referência à avaliação para melhorar e à avaliação da própria avaliação (meta-avaliação).

Pacheco (1994), tendo como contexto a generalização da reforma educacional e a percepção de que a avaliação dos alunos constitui um dos seus aspectos mais problemáticos, suscita uma reflexão sobre a avaliação das aprendizagens dos alunos dos ensinos básico e secundário. A abordagem das dimensões curricular, política, técnica, formadora e prática da avaliação é acompanhada de propostas de trabalho em cada um desses domínios e de sugestões práticas para a elaboração e a aplicação de instrumentos de avaliação. A avaliação formativa é considerada a que pode melhorar as aprendizagens dos alunos.

Em 1994, o autor deste livro propõe o que considera ser uma agenda de pesquisa e de formação na área da avaliação das aprendizagens, sublinhando a relevância da articulação investigação-formação-práticas para melhorar a avaliação nas escolas e, consequentemente, as aprendizagens dos alunos (Fernandes, 1994a); descreve e discute uma experiência de avaliação desenvolvida no IIE entre 1990 e 1993, a partir da qual esboça uma proposta global de avaliação do sistema educacional (Fernandes, 1994b); e analisa e discute a utilização de portfólios num contexto de práticas emergentes de avaliação mais inspiradas nas perspectivas construtivistas e cognitivistas e mais centradas nos processos sociais e interativos que se desenvolvem nas salas de aula (Fernandes, 1994c).

A. Benavente, V. Alaiz, J. Barbosa, C. Campos, A. Carvalho e A. Neves (1995) integram quatro estudos sobre a implementação do sistema de avaliação dos alunos do ensino básico aprovado pelo Despacho Normativo 98-A/92. Enquadrados na temática comum da avaliação das aprendizagens, aqueles estudos incidem sobre as seguintes preocupações específicas: formação/pesquisa em avaliação das aprendizagens; apoios e complementos educacionais e diferenciação pedagógica; avaliação das aprendizagens dos alunos e efeitos na formação dos professores; vantagens e dificuldades do sistema de avaliação dos alunos. Independentemente da ênfase selecionada para cada um dos estudos, os resultados apontam para a diversidade de situações nas escolas, a importância das condições organizacionais e pedagógicas, a exigência de mudanças das práticas pedagógicas na implementação do então novo regime de avaliação e a necessidade urgente de formação contínua nesse âmbito.

Pais e Monteiro (1996) partem de sua experiência na formação de professores para partilharem práticas bem-sucedidas passíveis de serem refletidas e adaptadas por outros professores, no contexto de sua autoformação. As autoras afirmam encarar a avaliação como um meio e não como um fim, que permite a progressiva melhoria e regulação dos processos e resultados do ensino e da aprendizagem.

Em 1996 a revista *NOESIS* volta a dedicar em um dos seus números, o quarenta, um espaço especial à avaliação das aprendizagens. Desta vez com apenas quatro artigos incidindo mais na avaliação dos alunos do ensino secundário. Maia (1996) faz uma discussão acerca das provas globais, advogando sua continuidade e apontando razões que a justificariam, nomeadamente as que se relacionam com processos positivos de moderação necessários nas escolas. De outro lado, sugere a possibilidade de aquelas provas serem repensadas, esclarecendo-as quer quanto a seu conteúdo, quer quanto à sua concepção. O autor defende que as escolas deverão ter políticas de avaliação expressas nos respectivos projetos educacionais e associadas a políticas adequadas de formação de professores. Em outro artigo, Barbosa (1996) discute e analisa algumas das implicações do Despacho Normativo 338/93 que regulamentou a avaliação dos alunos do ensino secundário. O autor centra o essencial de sua discussão nas questões da avaliação externa que, naquela altura, era particularmente pertinente dada a introdução dos exames públicos externos e nacionais como condição para a certificação no ensino secundário. Nesse sentido são feitas considerações acerca da qualidade técnica dos exames, de seus efeitos ou de sua credibilidade, bem como acerca das provas globais que, segundo o autor, podem ter vantagens que não devem ser desprezadas.

Estrela, Marmoz, Pires e Pereira (1998) organizam um conjunto de textos que incidem sobre várias temáticas no âmbito das Ciências da Educação, incluindo a avaliação das aprendizagens dos alunos. Destaco aqui apenas um dos artigos constantes nessa publicação, de autoria de Margarida Fernandes, em que se evidenciam os efeitos que as estratégias de autoavaliação produzem no desempenho escolar dos alunos do 1º ciclo e nas crenças de controle sobre seus resultados escolares (Fernandes, 1998).

Valadares e Graça (1998), adotando uma perspectiva construtivista das aprendizagens, elaboram um mapa conceitual a partir do qual realçam um conjunto de competências essenciais para uma boa prática em avaliação. Trata-se de um manual com um conjunto variado de sugestões de práticas avaliativas, de análise e sistematização da informação recolhidas em salas de aula, que poderão ser utilizadas pelos professores. Os autores apresentam e discutem três paradigmas da avaliação (behaviorista, psicométrica, cognitivista), fases do processo e características fundamentais dos instrumentos de avaliação, com especial realce para as questões da validade.

Lobo (1998), a partir de um trabalho de pesquisa realizado no âmbito de um programa de mestrado, organiza um livro que, no essencial, se divide em duas partes. Na primeira, a autora discute e analisa a literatura dos últimos trinta anos, que lhe permite enquadrar conceitualmente o conceito de avaliação formativa. De outro lado, faz uma análise do que se passou em Portugal no domínio da avaliação, dando particular destaque à opinião da comunidade educacional, aos Documentos Preparatórios da Comissão da Reforma Educativa, à Lei de Bases do Sistema Educativo e aos Despachos 162/ME/91 e 98-A/92. Depois, com base no trabalho de Hadji (1990; 1992) e do Despacho 98-A/92, a autora define pressupostos e princípios pelos quais se devem reger professores, alunos e encarregados de educação, que são os três atores principais no processo de avaliação. Na segunda parte, Lobo apresenta e discute os resultados de sua investigação, ilustrados pelas percepções e práticas de duas professoras e pelas opiniões e vivências de duas alunas do 8º ano e de um encarregado de educação.

Baptista (1999) publica um livro que reúne um conjunto de comunicações e artigos tendo como tema dominante o impacto da avaliação na exclusão escolar e social dos alunos e uma visão do sistema educacional como espelho da evolução social, caracterizada pela instabilidade, por dificuldades e contradições, como é o caso da coexistência dos processos de democratização e de seleção. Com essa publicação o autor pretende, de um lado, suscitar o debate nas escolas, promovendo alterações nas práticas de avaliação que permitam combater a exclusão e, de outro, induzir os líderes políticos a refletirem sobre as consequências da exclusão escolar e social.

Vilhena (1999) considera que o currículo integra, naturalmente, as chamadas atividades de enriquecimento, que nos devem sugerir uma visão holística da avaliação. Ou seja, a avaliação deve ser mais abrangente para que nos permita avaliar para além dos conteúdos acadêmicos constantes nos programas. A autora utiliza a avaliação, simultaneamente, como perspectiva teórica construtiva e como metodologia para a análise dos significados, dos fenômenos e dos comportamentos dos atores no processo, pondo em evidência a singularidade de cada um deles, assim como o resultado de sua interação.

Em um artigo publicado na revista *Inovação*, Pais (2000) sintetiza um trabalho de pesquisa que realizou no âmbito do seu programa de mestrado (Pais, 1998). É relevante referi-lo aqui, uma vez que parece ser a única investigação realizada em Portugal que estuda processos de classificação utilizados pelos professores. No referido artigo, Pais discute os constructos que professores do ensino secundário adotam quando classificam seus alunos, em especial, os constructos que expressam significados que os docentes conferem a classificações atribuídas, valores subjacentes e supostas consequências. O estudo contribuiu para desvendar as relações pouco claras entre conhecimentos, concepções e práticas avaliativas dos professores estudados e seus conhecimentos, concepções e práticas classificativas, permitindo perceber que os professores têm dificuldades em explicitar os fundamentos de suas decisões classificativas, mesmo quando expressam concepções claras que têm, ou pensam ter, acerca de suas opções e práticas avaliativas ao longo do ano letivo. É ainda de sublinhar o enquadramento conceitual utilizado por esse autor, nomeadamente no que se refere ao conceito de validade.

Leite e Fernandes (2002) produzem um livro de natureza essencialmente prática e instrumental de apoio às práticas dos professores, embora fornecendo elementos teóricos de enquadramento. Nessa vertente, as autoras abordam a avaliação sob três perspectivas: ensino centrado na aquisição de conhecimentos; ensino vocacionado para o desenvolvimento de aprendizagens; e ensino orientado para a promoção da capacidade de aprender a aprender. Finalmente, as autoras equacionam o papel e as novas práticas de avaliação decorrentes de novos enquadramentos legais e de novos contextos de gestão curricular.

Em 2002 o Departamento da Educação Básica, então dirigido por Paulo Abrantes, editou um conjunto de publicações destinado a apoiar o desenvolvimento do currículo da educação básica e, em particular, o processo da sua reorganização curricular. Um desses livros contém oito artigos na área da avaliação das aprendizagens (Abrantes e Araújo, 2002). Realçarei precisamente o artigo de Paulo Abrantes.

Abrantes (2002), apresentando o Despacho Normativo 30/2001 e as orientações nele expressas, sublinha o conjunto de princípios que deve orientar e sustentar as práticas de avaliação nas salas de aula: a) a consistência dos procedimentos de avaliação relativamente aos objetivos curriculares e às experiências de aprendizagem proporcionadas; b) a natureza essencialmente formativa da avaliação, visando a um conjunto de decisões que permitam, efetivamente, orientar e regular as aprendizagens dos alunos; e c) a necessidade de promover a confiança social no sistema e de envolver ativamente no processo todos os seus atores.

Na sequência de seu terceiro encontro nacional, a Associação de Professores de Português (APP) editou um livro de atas em que uma das partes é precisamente dedicada à avaliação (Pinto, 2002). A título de exemplo, citamos um texto de Amor (2002) que faz uma discussão centrada nas questões linguísticas associadas aos instrumentos de avaliação.

Nos últimos quatro anos o Ministério da Educação tem publicado alguns livros e brochuras em que, no essencial, se apresentam, descrevem ou analisam resultados de avaliações em larga escala (estudos internacionais, exames nacionais do ensino secundário e provas aferidas) ou se discutem questões técnicas e pedagógicas relacionadas com os exames nacionais (Gave, 2001; 2002a; 2002b; 2003; 2004; Ministério da Educação, 2000; 2001; 2004a; 2004b).

Ramalho (2003) faz uma síntese de natureza essencialmente descritiva de resultados que, em sua maioria, se referem a alunos portugueses que têm participado em estudos internacionais de natureza muito diversa ou em provas de âmbito nacional (exames do 12º ano e provas aferidas de Matemática e de Língua Portuguesa dos 4º e 6º ano de escolaridade). No caso da *International Adult Literacy Survey* (IALS), estudo promovido pela Organização para a Cooperação e o Desenvolvimento Econômico (OCDE), com a colaboração de uma instituição canadense (*Statistics Canada*), os participantes portugueses tinham entre dezesseis e 65 anos e já não frequentavam a escola. Nos demais casos, todos os participantes frequentavam a escola.

Nessas condições, Ramalho, com base em relatórios produzidos em nível internacional e nacional, analisa, sintetiza e comenta resultados referentes aos seguintes estudos de *Literacia em Contexto de Leitura*:

- *Reading Literacy*, da *International Association for the Evaluation of Educational Achievement* (IEA), 1991;
- *International Adult Literacy Survey* (IALS), da Organização para a Cooperação e Desenvolvimento Econômico (OCDE), 1999;
- *Programme for International Student Assessment* (PISA), também da OCDE, 2000.

São também analisados os resultados de estudos internacionais de avaliação das aprendizagens em Matemática e em Ciências:

- Second International Assessment of Educational Progress (SIAEP), do Educational Testing Service, 1991;
- Third International Mathematics and Science Study (TIMSS), da IEA, 1995;
- PISA, da OCDE, 2000.

Em nível nacional, Ramalho (2003) trabalha a partir dos seguintes dados:

- exames nacionais do ensino secundário de Matemática (435), realizados em 2000 e 2001, assim como de Biologia (102), Física (115) e Química (142), realizados entre 1999 e 2001. Os dados incluem os resultados da primeira e da segunda chamadas;
- provas aferidas de Língua Portuguesa e de Matemática para o 4º e o 6º ano de escolaridade realizadas em 2000 e 2001;
- avaliação integrada das escolas de responsabilidade da Inspeção Geral da Educação (IGE), realizada em 1999/2000.

Trata-se de grande e bastante variada massa de dados que torna muito difícil, ou mesmo impossível, o estabelecimento de comparações, como aliás é reconhecido pela autora. Em todo o caso, é uma síntese significativa que aponta tendências claras quanto ao desempenho dos alunos portugueses. Ramalho faz a análise dos resultados considerando variáveis como: a) a região do país e o ano de escolaridade a que os alunos pertencem; b) fatores sociais, econômicos e culturais; c) diferenças regionais; ou c) ano de escolaridade e idade dos alunos.

Em termos muito gerais, pode-se afirmar que, nesse trabalho de Ramalho, ficam evidenciados alguns dos problemas de aprendizagem que parecem afetar de modo significativo os alunos portugueses. De fato, quer os estudos internacionais, quer os nacionais mostram que, na resolução de problemas, na aplicação de conhecimentos a situações novas ou na análise e interpretação de informação, os alunos portugueses têm um desempenho modesto ou mesmo fraco.

De outro lado, na reprodução de procedimentos algorítmicos ou de informação ou no trabalho com textos narrativos e com tarefas rotineiras, o desempenho tende a ser médio ou mesmo bom.

Há ainda três conclusões no artigo de Ramalho (2003) que merecem ser aqui sublinhadas. A primeira considera que o nível de escolaridade dos pais está associado ao nível de desempenho dos alunos. Alunos cujos pais têm baixos níveis de escolaridade (9º ano ou inferior) demonstram desempenhos mais fracos do que alunos cujos pais têm níveis elevados de escolaridade (licenciatura ou pósgraduações). Os alunos com uma ou mais retenções (reprovações) têm desempenhos mais fracos do que alunos sem quaisquer reprovações. Esse dado é consistente com o que tem sido divulgado na literatura internacional. Finalmente, verifica-se que os alunos da área de Lisboa e Vale do Tejo têm, em geral, níveis de desempenho que chegam, em alguns casos, a ser muito superior às médias nacionais e, em outros, mesmo às médias internacionais. Um caso que ilustra essa última conclusão refere-se aos alunos de Matemática de quinze anos que frequentam o 10º ou o 11º ano de escolaridade que participaram no PISA 2000, cuja média foi superior à média internacional dos alunos dos países participantes.

Alves (2004) reúne em livro parte da pesquisa e do trabalho acadêmico que desenvolveu no âmbito de um programa conducente a seu doutoramento. São analisadas concepções e práticas de avaliação de professores, destacando-se sua influência no desenvolvimento escolar, social e profissional do aluno. A autora faz uma revisão da literatura que permite um aprofundamento conceitual de perspectivas de avaliação que contribuem para apoiar práticas nas salas de aula. O livro contém um conjunto significativo de sugestões concretas para apoiar o processo de organização da avaliação numa perspectiva de integração no desenvolvimento do currículo.

# REFERÊNCIAS

ABRANTES, P. (2002). Introdução. A avaliação das aprendizagens no ensino básico. In: ABRANTES, P. e ARAÚJO, F. (Orgs.). *Avaliação das Aprendizagens: Das concepções às práticas*, p.9-15. Lisboa: Departamento da Educação Básica do Ministério da Educação.

_____. & ARAÚJO, F. (Orgs.). (2002). *Avaliação das aprendizagens: Das concepções às práticas*. Lisboa: Departamento da Educação Básica do Ministério da Educação.

ADÃO, A. (1982). *A criação e instalação dos primeiros liceus portugueses: Organização administrativa e pedagógica (1836/1860)*. Lisboa: Fundação Calouste Gulbenkian.

ALLAL, L. (1986). Estratégias de avaliação formativa: Concepções psicopedagógicas e modalidades de aplicação. In: ALLAL, L.; CARDINET J.; PERRENOUD, Ph. (Orgs.). *A avaliação formativa num ensino diferenciado*, p.175-209. Coimbra: Almedina.

_____.; CARDINET, J.; PERRENOUD, Ph. (1979). *L'évaluation formative dans un enseignement différencié*. (Actes du colloque à l'Université de Genève, Mars 1978.) Berne: Peter Lang.

_____. (1986). *A avaliação formativa num ensino diferenciado*. (Actas do colóquio realizado na Universidade de Genebra, março 1978.) Coimbra: Almedina.

AMOR, E. (2002). A dimensão linguística dos instrumentos de avaliação. In: PINTO, P. F. (Org.). *Português: Propostas para o futuro 3 – Avaliação*, p.27-40. Lisboa: Associação de Professores de Português.

AIRASIAN, P. & ABRAMS, L. (2003). Classroom student evaluation. In: KELLAGHAN T. & STUFFLEBEAM D. (Eds.). *International handbook of educational evaluation*, p.533-48. Dordrecht: Kluwer.

ABRECHT, R. (1991). *L'évaluation formative: Une analyse critique*. Bruxelles: De Boeck.

ALAIZ, V. (1993, Junho). School-based and external assessment in Portuguese primary and secondary education. Comunicação apresentada na 19th *Conference of the International Association for Educational Assessment* (IAEA). Grand Baie. Ilha Maurícia.

ALONSO, L. (1992). A avaliação curricular como processo de reflexão. *Noesis*, 23, p.25-7.

MÉNDEZ, J. (2002). *Avaliar para conhecer, examinar para excluir*. Porto: ASA.

_____. (2001). *Evaluar para conocer. Examinar para excluir*. Madrid: Morata.

ALVES, M. P. (2004). *Currículo e avaliação: Uma perspectiva integrada*. Porto: Porto Editora.

ALVES, J. C. (1997). *Representações da avaliação por parte dos professores dos 2º e 3º ciclos em três escolas do distrito de Setúbal*. Tese de mestrado em ciências da educação (Avaliação em educação) não publicada. Universidade Católica Portuguesa. Faculdade de Ciências Humanas.

ANDERSON, J. & BACHOR, D. (1998). A Canadian perspective on portfolio use in student assessment. *Assessment in Education: Principles, Policy & Practice*, 5, p.353-380.

ANTUNES, Roque. (1995). *Concepções de alunos do 11º ano em relação à disciplina de Filosofia*. Tese de mestrado em ciências da educação (Desenvolvimento Pessoal e Social) não publicada. Universidade Católica Portuguesa. Faculdade de Ciências Humanas.

ARCHBALD, D. & NEWMANN, F. (1992). Approaches to assessing academic achievement. In: BERLAK, H. et al. (Eds.). *Toward a new science of educational testing and assessment*, p.139-80. Albany, NY: State University of New York Press.

BALLESTER et al. (2000). *Evaluación como ayuda al aprendizaje*. Barcelona: Graó.

BARBOSA, J. (1996). Avaliação dos alunos do ensino secundário: Que fazer? *Noesis*, 40, p.30-2.

BARROSO, J. (1995). *Os liceus: Organização pedagógica e administração (1836-1960)*. Lisboa: Fundação Calouste Gulbenkian.

BEATON, A. (1997). The national assessment of educational progress. In: PHYE, G. (Ed.). *Handbook of classroom assessment: Learning, adjustment, and achievement*, p.518-30. New York:Academic Press.

_____. et al. (2000). *The benefits and limitations of international educational achievement studies*. Paris: International Institute for Educational Planning/International Academy of Education.

BÉLAIR, L. (2000). *La evaluación en la acción: El dossier progresivo de los alumnos*. Sevilla: Díada.

BELL, A.; BURKHARDT, H.; SWAN, M. (1992a). Balanced assessment of mathematical performance. In: LESH, R. & LAMON, S. (Eds.). *Assessment of authentic performance in school mathematics*, p.119-44.Washington, DC: AAAS.

_____. (1992b). Assessment of extended tasks. In: LESH, R. & LAMON, S. (Eds.). *Assessment of authentic performance in school mathematics*, p.145-76.Washington, DC: AAAS.

_____. (1992c). Moving the system: The contributions of assessment. In: LESH, R. & LAMON, S. (Eds.). *Assessment of authentic performance in school mathematics*, p.177-194.Washington, DC: AAAS.

BENAVENTE, A. (1990). Avaliação e inovação educacional: Notas e reflexões. *Inovação*, 3, 4, p.33-46.

_____. et al. (1995). *Novo modelo de avaliação no ensino básico: Formas de implementação local*. Lisboa: IIE.

BERLAK, H. (1992a). The need for a new science of assessment. In: BERLAK, H. et al. (Eds.). *Toward a new science of educational testing and assessment*, p.1-22. Albany, NY: State University of New York Press.

_____. (1992b). Toward the development of a new science of educational testing and assessment. In: BERLAK, H. et al. (Eds.). *Toward a new science of educational testing and assessment*, p.181-206. Albany, NY: State University of New York Press.

_____. et al. (Eds.). (1992), *Toward a new science of educational testing and assessment*. Albany, NY: State University of New York Press.

BIGGS, J. (1998). Assessment and classroom learning: A role for summative assessment? *Assessment in Education: Principles, Policy & Practice*, 5, 1, p.103-10.

BLACK, P. & WILIAM, D. (1998a). Assessment and classroom learning. *Assessment in Education: Principles, Policy & Practice*, 5, 1, p.7-74.

_____. (1998b). *Inside the black box: Raising standards through classroom assessment*. Retirado em 22 de outubro de 2004 de www.pdkintl.org/kappan/kbla9810.htm.

BLOOM, B. (1956). *Taxonomy of educational objectives*. David McKay.

_____.; HASTINGS, J.; MADAUS, G. (1971). *Handbook of formative and summative evaluation of student learning*. New York: Mac Graw Hill.

BOAVIDA, J. (1996). *Concepções e práticas de avaliação das aprendizagens de professoras do 1º ciclo do ensino básico: Três estudos de caso*. Tese de mestrado em ciências da educação (Avaliação em educação) não publicada. Universidade Católica Portuguesa. Faculdade de Ciências Humanas.

_____. & BARREIRA, C. (1992). Análise dos Despachos 162/ ME/91 e 98-A/92. *Revista Portuguesa de Pedagogia*, Ano XXVI, 2, p.345-66.

BONNIOL, J-J. (1989). Sur les regulations du fonctionnement cognitif de l'élève: Contribution à une theorie de l'évaluation formative. *Atelier de recherche sur l'évaluation des résultats scolaires: Motivations et réussite des élèves* (Liège, 12-15 Septembre 1989). Strasbourg: Conseil de L'Europe.

_____. & VIAL, M. (1997). *Les modèles de l'évaluation: Textes fondateurs avec commentaires*. Bruxelles: De Boeck.

BROADFOOT, P. (1994). Les résultats de l'enseignement. In: OCDE (Ed.). *Évaluer l'enseignement: De l'utilité des indicateurs internationaux*, p.260-86. Paris: OCDE.

_____. (1998). Records of achievement and the learning society: A tale of two discourses. *Assessment in Education: Principles, Policy & Practice*, 5, 3, p.447-78.

BUTLER, D. & WINNE, P. (1995). Feedback and self-regulated learning: A theoretical synthesis. *Review of Educational Research*, 65, 3, p.245-81.

CALIFORNIA ASSESSMENT PROGRAM, (1989). *A question of thinking: A first look of students' performance on open-ended questions in mathematics*. Sacramento, CA: California State Department of Education.

CAMPOS, C. (1996). *Concepções e práticas de professores sobre avaliação das aprendizagens: Dois estudos de caso*. Tese de mestrado em ciências da educação (Avaliação em educação) não publicada. Universidade Católica Portuguesa. Faculdade de Ciências Humanas.

CARDINET, J. (1986). *Évaluation scolaire et mesure*. Bruxelas: De Boeck.

_____. (1991). L'apport sociocognitif à la régulation interactive. In: WEISS, J. (Ed.). *L'évaluation: Problème de communication*, p.199-213. Cousset (Fribourg): Delval.

_____. (1993). *Avaliar é medir?* Porto: ASA.

CARDOSO, A. (1992a). Os enunciados de testes como meios de informação sobre o currículo. In: ESTRELA, A. & NÓVOA, A. (Orgs.). *Avaliações em educação: Novas perspectivas*, p.73-88. Lisboa: Educa, Faculdade de Psicologia e de Ciências da Educação.

_____. (1992b). O sistema de avaliação estabelecido pelo Despacho n° 162/ME/91. Normas para aplicar ou simples convite ao debate? *Actas do II Colóquio Nacional da Secção Portuguesa da AFIRSE*. Lisboa: Faculdade de Psicologia e de Ciências da Educação.

CARIA, T. (1994). Sistema de avaliação dos alunos do ensino básico. *Educação, Sociedade & Culturas, 1*, p.129-79. Porto: Afrontamento.

CARVALHO, A. (1990). Validação da tradução portuguesa do teste de compreensão de leitura do Institut Supérieur de Pédagogie de Hainaut. *Inovação, 3*, 4, p.87-96.

CARVALHO, R. (1986). *História do ensino em Portugal: Desde a fundação da nacionalidade até o fim do regime de Salazar-Caetano*. Lisboa: Fundação Calouste Gulbenkian.

CASANOVA, M. A. (2002). *Manual de evaluación educativa* (Octava edición). Madrid: La Muralla.

CHAMBERS, D. (1993). Integrating assessment and instruction. In: WEBB, N. & COXFORD, A. (Eds.). *Assessment in the mathematics classroom*, p.17-25. Reston,VA: NCTM.

COCKCROFT,W. (1982). *Mathematics counts*. London: HMSO.

CONCEIÇÃO, J. (1993a). Ainda o novo sistema de avaliação. *Noesis, 25*, p.64-7.

_____. (1993b, junho). External assessment in Portuguese compulsory education. Comunicação apresentada na *19th Conference of the International Association for Educational Assessment (IAEA)*. Grand Baie. Ilha Maurícia.

_____. et al. (s./d.). Testes: Sim ou não? In: IIE (Ed.). *Pensar avaliação, melhorar a aprendizagem* (Folha B/8). Lisboa: IIE.

CONSELHO NACIONAL DE EDUCAÇÃO (2000). Parecer n.° 3/2000. *Diário da República, 180*, 13016-13024. II Série.

CORTESÃO, L. (1993). *A avaliação formativa: Que desafios?*. Porto: ASA.

_____. & TORRES, M. A. (1984). *Avaliação pedagógica I: Insucesso escolar*. Porto: Porto Editora.

_____. (1983). *Avaliação pedagógica II: Perspectivas de sucesso*. Porto: Porto Editora.

DAMAS, M. & DE KETELE, J. (1985). *Observar para Avaliar*. Coimbra: Almedina.

DE KETELE, J-M. (1986). A propósito das noções de avaliação formativa, de avaliação somativa, de individualização e de diferenciação. In: ALLAL, L.; CARDINET, J.; PERRENOUD, PH. (Orgs.). *A avaliação formativa num ensino diferenciado*, p.211-18. Coimbra: Almedina.

——————. (1993). L'évaluation conjuguée en paradigmes. *Revue Française de Pédagogie, 103*, p.59-80.

——————. (2001). Évolution des problématiques issues de l'évaluation formative. In: FIGARI, G. & ACHOUCHE, M. (Eds.). *L'activité évaluative réinterrogée: Regards scolaires et socioprofessionnels*, p. 102-108. Bruxelles: De Boeck.

DWYER, C. (1998). Assessment and classroom learning: Theory and practice. *Assessment in Education: Principles, Policy & Practice, 5*, 1, p.131-7.

ESTRELA, A. et al. (Orgs.). (1998). *Investigação e Reforma Educativa*. Lisboa: Instituto de Inovação Educacional.

——————. & NÓVOA, A. (Orgs.) (1992). *Avaliações em educação: Novas perspectivas*. Lisboa: Educa, Faculdade de Psicologia e de Ciências da Educação.

FERNANDES, D. (Coord.). (s./d). *Pensar avaliação, Melhorar a aprendizagem*. Lisboa: IIE.

——————. (1991). Resolução de problemas e avaliação. Actas do *2º Encontro Nacional de Didácticas e Metodologias de Ensino*. Aveiro: Universidade de Aveiro.

——————. (1992a). Resolução de problemas: Investigação, ensino, avaliação e formação de professores. In: BROWN, M. et al. (Eds.). *Educação matemática: Temas de investigação*, p.45-104. Lisboa: Instituto de Inovação Educacional.

——————. (1992b). O tempo da avaliação. *Noesis, 23*, p.18-21.

——————. (1992c). *Práticas e perspectivas de avaliação: Dois anos de experiência no Instituto de Inovação Educacional*. Documento policopiado não publicado.

——————. (1993a). Complexidade, tensões e mudança na avaliação das aprendizagens. In: ALMEIDA, L.; FERNANDES, J.; MOURÃO, A. (Orgs.). *Ensino-aprendizagem da matemática: Recuperação de alunos com baixo desempenho*, p.43-60. Riba d'Ave: Didáxis.

——————. (1993b). Some notes on students'assessment in the context of the Portuguese educational reform. Trabalho não publicado apresentado na conferência *Research into pupil assessment and the role of final examinations in secondary education*. Conselho da Europa. Universidade de Jyvaskyla: Finlândia.

_____. (1994a). Avaliação das aprendizagens: Das prioridades de investigação e de formação às práticas na sala de aula. *Revista de Educação*, 8, p.15-20.

_____. (1994b). Contornos de uma experiência de avaliação desenvolvida no Instituto de Inovação Educacional (1990-1993). *Boletim da Sociedade Portuguesa de Educação Física*, 10/11, p.7-32.

_____. (1994c). A utilização de portfólios como resposta possível à emergência de novos paradigmas de avaliação das aprendizagens. *Actas do PROFMAT 93*, p.81-94. Lisboa: APM,

_____. (1994d). Evaluating the educational reform: Viewpoints from a Portuguese experience. In: MAURITIUS EXAMINATION Syndicate (Ed.), *1993 IAEA Conference: School-based and external assessments*, p.251-260. Reduit, Mauritius: Mauritius Examination Syndicate.

_____. (1997). Avaliação na escola básica obrigatória: Fundamentos para uma mudança de práticas. In: CUNHA, Pedro da. (Org.). *Educação em debate*, p.275-94 Lisboa, Universidade Católica Portuguesa.

_____. (2005). Para uma ênfase na avaliação formativa alternativa. Editorial. *Educação e Matemática*, 81, p.1.

_____. (2006a). Para uma teoria da avaliação formativa. *Revista Portuguesa de Educação*, 19(2), p.21-50.

_____. (2006b). Vinte anos de avaliação das aprendizagens: Uma síntese interpretativa de artigos publicados em Portugal. *Revista Portuguesa de Pedagogia*, ano 40, 3, p.289-348.

_____. (2006c). Sur les évaluations et les savoirs des élèves au Portugal. *Revue Internationale d'Éducation*, 43, p.115-26.

_____. (2006d). Avaliação, aprendizagens e currículo: Para uma articulação entre investigação, formação e práticas. In: BARBOSA, R. (Org.). *Formação de educadores: Artes e técnicas – Ciências e políticas*, p.15-36. São Paulo: Editora UNESP.

_____. (2007a). Vinte e cinco anos de avaliação das aprendizagens: Uma síntese interpretativa de livros publicados em Portugal. In: ESTRELA, A. (Org.). *Investigação em educação: Teorias e práticas (1960-2005)*, p.261-306. Lisboa: Educa.

_____. (2007b). A avaliação das aprendizagens no sistema educativo português. *Educação e Pesquisa*, v.33, 3, p.581-600.

_____. (2007c). Um imperativo ético. Editorial. *Educação e Matemática*, 94, p.1.

_____. (2008a). Algumas reflexões acerca dos saberes dos alunos em Portugal. *Educação & Sociedade*, v.29, 102, p.275-87.

_____. (2008b). *Avaliação do desempenho docente: Desafios, problemas e oportunidades*. Cacém: Texto Editores.

_____. et al. (s/d). Portfólios: Para uma avaliação mais autêntica, mais participada e mais reflexiva. In: FERNANDES, D. (Coord.), *Pensar avaliação, Melhorar a aprendizagem, Folha B/10*. Lisboa: IIE.

FERNANDES, D. et al. (1996). *Das concepções, práticas e organização da avaliação das aprendizagens à formação de professores*. (Relatório do 1º ano do Projecto PI/12/94 financiado pelo Instituto de Inovação Educacional.) Documento policopiado não publicado.

_____.; RAMALHO, G.; LEMOS, V. (1991). *Opiniões dos professores dos ensinos básico e secundário relativamente às medidas constantes no projecto do sistema de avaliação dos alunos*. Lisboa: IIE.

FERNANDES, M. (1998). Desenvolver a capacidade de autoavaliação: Um objectivo a prosseguir pela escola básica. In: ESTRELA, A. et al. (Orgs.). *Investigação e Reforma Educativa*, p.643-62. Lisboa: Instituto de Inovação Educacional.

FIGARI, G. & ACHOUCHE, M. (2001). *L'activité évaluative réinterrogée: Regards scolaires et socioprofessionnels*. Bruxelles: De Boeck.

FOUCAULT, M. (1979). *Discipline and punish: The birth of prison*. New York: Vantage.

GARDNER, H. (1983). *Frames of mind*. New York: Basic Books.

_____. (1991). *The unschooled mind: How children think and how schools should teach*. New York: Basic Books.

_____. & HATCH, T. (1989). Multiple intelligences go to school: Educational implications of the theory of multiple intelligences. *Educational Researcher*, 18(8), p.4-9.

GABINETE DE AVALIAÇÃO EDUCACIONAL (GAVE). (2001). *Resultados do estudo internacional PISA 2000*. Lisboa.

_____. (2002a). *Conceitos fundamentais em jogo na avaliação de literacia matemática e competências dos alunos portugueses - PISA 2000*. Lisboa.

_____. (2002b). *Contributo para uma melhor compreensão do desempenho dos alunos nos exames do 12º ano*. Lisboa.

_____. (2003). *Conceitos fundamentais em jogo na avaliação de literacia científica e competências dos alunos portugueses. PISA 2000*. Lisboa.

_____. (2004). *Supervisão da classificação das provas de exame de Biologia, Matemática e Química: Relatório técnico e de avaliação – 2003*. Lisboa.

GIFFORD, B. & O' CONNOR (Eds.) (1992). *Changing assessments: Alternative views of aptitude, achievement and instruction*. Dordrecht: Kluwer.

GIL, Dulcinea. (1997). *Reflexões de professores do 2º ciclo do ensino básico sobre avaliação das aprendizagens*. Tese de mestrado em ciências da educação (Avaliação em educação) não publicada. Universidade Católica Portuguesa. Faculdade de Ciências Humanas.

GIPPS, C. (1994). *Beyond testing: Towards a theory of educational assessment*. Londres: Falmer.

_____. (1999). Socio-cultural aspects of assessment. In: IRAN-NEJAD, A. & PEARSON, P. (Eds.). *Review of Research in Education*, 24, p.355-392. Washington, DC: AERA.

_____. & STOBART, G. (2003). Alternative assessment. In: KELLAGHAN, T. & STUFFLEBEAM, D. (Eds.). *International handbook of educational evaluation*, p.549-76. Dordrecht: Kluwer.

GOLDSTEIN, H. (1996). International comparisons of student achievement. In: LITTLE, A. & WOLF, A. (Eds.). *Assessment in transition: Learning, monitoring and selection in international perspective*, p.58-87. Oxford: Pergamon.

_____. (2004). International comparisons of student attainment: Some issues arising from the PISA study. *Assessment in Education: Principles, policy & practice*, 11, 3, p.319-30.

GRÉGOIRE, J. (Ed.). (1996). *Évaluer des apprentissages: Les apports de la psychologie cognitive*. Bruxelles: De Boeck.

GRONLUND, N. & LINN, R. (1990). *Measurement and evaluation in teaching*. New York: MacMillan.

GUBA, E. & LINCOLN, Y. (1989). *Fourth generation evaluation*. London: Sage.

_____. (1994). Competing paradigms in qualitative research. In: DENZIN, N. & LINCOLN, Y. (Eds.). *Handbook of qualitative research*, p.105-17. London: Sage.

GUERRA, M. (1995). *La evaluación: Un proceso de diálogo, comprensión y mejora*. Málaga: Aljibe.

_____. (2003). *Una flecha en la diana: La evaluación como aprendizaje.* Madrid: Narcea.
HADJI, C. (1992). *L'évaluation des actions éducatives.* Paris: PUF.
HARLEN, W. & JAMES, M. (1997). Assessment and learning: Differences and relationships between formative and summative assessment. *Assessment in education: Principles, policy and practice, 4,* 3, p.365-79.
INSTITUTO DE INOVAÇÃO EDUCACIONAL (1992a). *Estudo comparativo dos sistemas de avaliação dos alunos em quatro países europeus.* Lisboa.
_____. (1992b). *Avaliar é aprender.* Lisboa.
JOHNSON, R. (2003). The development and use of school profiles. In: KELLAGHAN T. & STUFFLEBEAM, D. (Eds.). *International handbook of educational evaluation,* p.827-42. Dordrecht: Kluwer.
JOINT COMMITTEE ON STANDARDS for Educational Evaluation (1981). *Principles and by-laws.* Kalamazoo: MI: Western Michigan University Evaluation Center.
JONES, L. (2003). National assessment in the United States: The evolution of a Nation's report card. In: KELLAGHAN T. & STUFFLEBEAM, D. (Eds.). *International handbook of educational evaluation,* p.883-904. Dordrecht: Kluwer.
JORRO, A. (2000). *L'enseignant et l'évaluation: Des gestes évaluatifs en question.* Bruxelles: De Boeck.
JUSTE, R. & RAMOS, J. (1995). *Diagnóstico, evaluación y toma de decisiones.* Madrid: Rialp.
KEEVES, J. (1995). *The world of school learning: Selected key findings from 35 years of IEA research.* Amsterdam: IEA Secretariat.
KELLAGHAN, T. (1996). IEA studies and educational policy. *Assessment in Education: Principles, Policy & Practice, 3,* 2, 143-160.
_____. (2003). Local, national, and international levels of system evaluation. Introduction. In: KELLAGHAN, T. & STUFFLEBEAM, D. (Eds.). *International handbook of educational evaluation,* p.873-82. Dordrecht: Kluwer.
_____. & GRISAY, A. (1995). International comparisons of student achievement: Problems and prospects. In OECD (Ed.). *Measuring what students learn,* p.41-61. Paris: OECD.
_____. & MADAUS, G. (2000). Outcome evaluation. In: STUFFLEBEAM, D.; MADAUS, G.; KELLAGHAN, T. (Eds.). *Evaluation models: Viewpoints on educational and human services evaluation* (2$^{nd}$ Edition), p.97-112. Dordrecht: Kluwer.

_____. (2003). External (public) examinations. In: KELLAGHAN T. & STUFFLEBEAM, D. (Eds.). *International handbook of educational evaluation*, p.577-602. Dordrecht: Kluwer.

KELLAGHAN, T. & STUFFLEBEAM, D. (Eds.). (2003). *International handbook of educational evaluation*. Dordrecht: Kluwer.

KILPATRICK, J. (1992). Some issues in the assessment of mathematical problem solving. In: PONTE, J. et al. (Eds.). *Mathematical problem solving and new information technologies: Research in contexts of practice*, p.37-44. Berlin: Springer-Verlag.

KORETZ, D. (1998). Large-scale portfolio assessments in the US: Evidence pertaining to the quality of measurement. *Assessment in Education: Principles, Policy & Practice*, 5, 3, p.309-34.

KUHN, T. S. (1970). *The structure of scientific revolutions*. Chicago: University of Chicago Press.

LANGE, J. de (1987). *Mathematics, insight and meaning*. Utrech, Holanda: OweOC.

_____. (1993). Assessment in problem-oriented curricula. In: WEBB, N. & COXFORD, A. (Eds.). *Assessment in the mathematics classroom*, p.197-208. Reston, VA: NCTM.

LAPOINTE, A. (1986). Testing in the USA. In: NUTTALL, D. (Ed.). *Assessing educational achievement*, p.114-24. London: Falmer.

LEAL, L. (1993). *Avaliação da aprendizagem num contexto de inovação curricular*. Lisboa: Associação de Professores de Matemática.

_____. & ABRANTES, P. (1990). Avaliação da aprendizagem/Avaliação na aprendizagem. *Inovação*, 3, 4, p.65-76.

LEITE, C. & FERNANDES, P. (2002). *A avaliação da aprendizagem: Novos contextos, novas práticas*. Porto: ASA.

LEITE, C. et al. (1993). *Avaliar a avaliação*. Porto: ASA.

LEMOS, V. (1988). *O critério do sucesso* (2. ed.). Lisboa: Texto Editora.

_____. (1992). Novo sistema de avaliação: Enquadramento de uma mudança. Comunicação apresentada no seminário *O Novo Sistema de Avaliação*. Instituto de Inovação Educacional: Lisboa.

_____. (1993, junho). Attitudes on assessment and the in-service training of teachers. Comunicação apresentada na *19th Conference of the International Association for Educational Assessment* (IAEA). Grand Baie. Ilha Maurícia.

_____. et al. (1992). *A nova avaliação da aprendizagem: O direito ao sucesso*. Lisboa: Texto Editora.

LESTER, F. & KROLL, D. (1990). Assessing student growth in mathematical problem solving. In: KULM, G. (Ed.). *Assessing higher order thinking in mathematics*, p.53-70. Washington: AAAS.

LOBO, Aldina (1998). A. A. A. *(Aprendizagem Assistida pela Avaliação): Um sorriso difícil sobre o novo sistema de avaliação do ensino básico*. Porto: Porto Editora.

MADAUS, G. & KELLAGHAN, T. (2000). Models, metaphors, and definitions in evaluation. In: STUFFLEBEAM, D.; MADAUS, G.; KELLAGHAN, T. (Eds.). *Evaluation models: Viewpoints on educational and human services evaluation* (2nd Edition), p.19-32. Dordrecht: Kluwer.

_____. & STUFFLEBEAM, D. (2000). Program evaluation: A historical overview. In: STUFFLEBEAM, D.; MADAUS, G.; KELLAGHAN, T. (Eds.). *Evaluation models: Viewpoints on educational and human services evaluation* (2nd Edition), p.3-18. Dordrecht: Kluwer.

MADAUS, G.; HANEY, W.; KREITZER, A. (2000). The role of testing in evaluations. In: STUFFLEBEAM, D.; MADAUS, G.; KELLAGHAN, T. (Eds.). *Evaluation models: Viewpoints on educational and human services evaluation* (2nd Edition), p.113-26. Dordrecht: Kluwer.

MAIA, J. (1996). Que sentido para as provas globais? *Noesis, 40*, p.28-9.

MESSICK, S. (1989). Meaning and values in test validation: The science and ethics of assessment. *Educational Researcher, 18*, 2, p.5-11.

_____. (1995). Standards of validity and the validity of standards in performance assessment. *Educational Measurement: Issues and Practice, 14*, 4, p.5-8.

MINISTÉRIO DA EDUCAÇÃO (2000). *Provas de aferição do ensino básico: 4º ano – 2000*. Lisboa.

_____. (2002). *Provas de aferição do ensino básico: 4º e 6º anos – 2001*. Lisboa: Autor.

_____. (2004a). *Provas de aferição do ensino básico: 4º, 6º e 9º anos – 2003*. Lisboa: Autor.

_____. (2004b). *Provas de aferição do ensino básico: 4º, 6º e 9º anos: Análise comparativa (2001-2003)*. Lisboa: Autor.

MISLEVY, R. et al. (2003). Psychometric principles in student assessment. In: KELLAGHAN, T. & STUFFLEBEAM, D. (Eds.). *International handbook of educational evaluation*, p.489-532. Dordrecht: Kluwer.

MONIZ, J. (1919). *Estudos de ensino secundário*. Lisboa: Imprensa Nacional.

NATIONAL COUNCIL OF TEACHERS of Mathematics (1989). *Curriculum and evaluation standards for school mathematics*. Reston, VA.

_____. (1991). *Professional standards for teaching mathematics*. Reston, VA.

_____. (1995). *Assessment standards for school mathematics*. Reston, VA.

_____. (1999). *Normas para a avaliação em Matemática escolar*. Lisboa: Associação de Professores de Matemática

NATIONAL RESEARCH COUNCIL (1989). *Everybody counts: A report to the nation on the future of mathematics education*. Washington, DC: National Academy Press.

_____; (1993). *Measuring up: Prototypes for mathematics assessment*. Washington, DC: National Academy Press.

NEVES, A. (1996). *Observação nas concepções e práticas de dois professores do ensino básico*. Tese de mestrado em ciências da educação (Avaliação em educação) não publicada. Universidade Católica Portuguesa. Faculdade de Ciências Humanas.

NEVO, D. (1986). The conceptualization of educational evaluation: An analytical review of the literature. In: HOUSE, E. R. (Ed.). *New directions in educational evaluation*, p.15-29. London: Falmer.

NEWMANN, F. & ARCHBALD, D. (1992). The nature of authentic academic achievemente. In: BERLAK, H. et al. (Eds.). *Toward a new science of educational testing and assessment*, p.71-84. New York: SUNY.

NUNZIATI, G. (1990). Pour construire un dispositif d'évaluation formatrice. *Cahiers Pedagogiques, 280*, p.47-64.

NUTTALL, D. (Ed.) (1986). *Assessing educational achievement*. London: Falmer.

Ó, J. R. (2003). *O governo de si mesmo: Modernidade pedagógica e encenações disciplinares do aluno liceal (último quartel do século XIX – meados do século XX)*. Lisboa: Educa.

O'CONNOR, M. (1992). Rethinking aptitude, achievement, and instruction: Cognitive science research and the framing of assessment policy. In: GIFFORD, B. & O'CONNOR, M. (Eds.). *Changing assessments: Alternative views of aptitude, achievement and instruction*, p.9-36. Norwell, MA: Kluwer.

OECD (1997). *Education at a glance: OECD indicators*. Paris.

_____. (2000). *Education at a glance: OECD indicators*. Paris.

_____. (2003). *The PISA 2003 assessment framework: Mathematics, reading, science and problem solving knowledge and skills*. Paris.

OLIVEIRA, I.; PEREIRA, J.; FERNANDES, D. (1993). *Desenvolvimento de instrumentos de avaliação da aprendizagem em Matemática*. Lisboa: IIE.

_____. (1994). *Seis propostas de avaliação: Matemática*. Lisboa: IIE.

PAIS, P. (1998). *Práticas classificativas de professores do ensino secundário: Significados e valores*. Tese de mestrado em ciências da educação (Avaliação em educação) não publicada. Universidade Católica Portuguesa. Faculdade de Ciências Humanas.

_____. (2000). Práticas classificativas de professores do ensino secundário: significados e valores. *Inovação, 13*, 2-3, p.139-59.

PEARLMAN, M. & TANNEMBAUM, R. (2003). Teacher evaluation practices in the accountability era. In: KELLAGHAN, T. & STUFFLEBEAM, D. (Eds.). *International handbook of educational evaluation*, p.609-642. Dordrecht: Kluwer.

PÉREZ, M. (1995). *Evaluación y cambio educativo: El fracaso escolar (cuarta edicion)*. Madrid: Morata.

PERRENOUD, Ph. (1986). Das diferenças culturais às desigualdades escolares: A avaliação e a norma num ensino diferenciado. In: ALLAL, L.; CARDINET, J.; PERRENOUD, PH. (Orgs.). *A avaliação formativa num ensino diferenciado*, p.27-74. Coimbra: Almedina.

_____. (1988a). Évaluation formative: Cinquième roue du char ou cheval de Troie? Acessado em 16 de maio de 2004 de www.unige. ch/fapse/SSE/teachers/perrenoud/php_main/.

_____. (1988b). *La part d'évaluation formative dans toute évaluation continue*. Acessado em 16 de maio de 2004 de www.unige.ch/fapse/ SSE/teachers/perrenoud/php_main/

_____. (1991). *Pour une approche pragmatique de l'évaluation formative*. Acessado em 3 de outubro de 2004 de www.unige.ch/fapse/ SSE/teachers/perrenoud/php_main/.

_____. (1992). Não mexam na minha avaliação! Para uma abordagem sistémica da mudança pedagógica. In: ESTRELA, A. & NÓVOA, A. (Orgs.). *Avaliações em educação: Novas perspectivas*, p.155-73. Lisboa: Educa, Faculdade de Psicologia e de Ciências da Educação.

_____. (1998a). From formative evaluation to a controlled regulation of learning processes: Towards a wider conceptual field. *Assessment in Education: Principles, Policy & Practice, 5*, 1, p.85-102.

_____. (1998b). *L'évaluation des élèves. De la fabrication de l'excellence à la régulation des apprentissages*. Bruxelles: De Boeck.

_____. (2001). *Évaluation formative et évaluation certificative: Postures contradictoires ou complémentaires?* Acessado em 16 de maio de 2004 de www.unige.ch/fapse/SSE/teachers/perrenoud/php_main/.

_____. (2004). *Évaluer des compétences*. Acessado em 3 de outubro de 2004 de www.unige.ch/fapse/SSE/teachers/perrenoud/php_main/.

PHYE, G. (Ed.). (1997). *Handbook of classroom assessment: Learning, adjustment, and achievement*. New York: Academic Press.

PINTO, P. F. (Org.). (2002). *Português: Propostas para o futuro 3 – Avaliação*. Lisboa: Associação de Professores de Português.

PLOMP, T.; HOWIE, S.; MCGAW, B. (2003). International studies of educational achievement. In: KELLAGHAN, T. & STUFFLEBEAM, D. (Eds.). *International handbook of educational evaluation*, p.951-78. Dordrecht: Kluwer.

PROENÇA, M. C. (1997). *A reforma de Jaime Moniz*. Lisboa: Colibri.

RAMALHO, G. (2003). As aprendizagens no sistema educativo português: Principais resultados dos estudos realizados. In: AZEVEDO, J. (Org.). *Avaliação dos resultados escolares: Medidas para tornar o sistema mais eficaz*, p.13-74. Porto: ASA.

RAVEN, J. (1992). A model of competence, motivation, and behavior, and a paradigm of assessment. In: BERLAK, H. et al.(Eds.). *Toward a new science of educational testing and assessment*, p.85-116. Albany, NY: State University of New York Press.

RIBEIRO, L. C. (1991). *Avaliação da aprendizagem*. Lisboa: Texto Editora.

RIBEIRO, A. C. & RIBEIRO, L. C. (1989). *Planificação e avaliação do ensino/aprendizagem*. Lisboa: Universidade Aberta.

RICHARDSON, V. (Ed.). (2001). *Handbook of research on teaching* (4th Edition). American Educational Research Association. New York: Macmillan.

RILEY, K. & TORRANCE, H. (2003). Big change questions. *Journal of Educational Change*, 4, p.419-25.

ROBITAILLE, D.; BEATON, A.; PLOMP, T. (2000). *The impact of TIMSS on the teaching and learning of mathematics and science*. Vancouver: Pacific Educational Press.

ROCHA, N. (1990). Avaliação formativa no ensino-aprendizagem de uma língua. *Inovação*, 3, 4, p.77-86.

ROEGIERS, X. (2004). *L'école et l'évaluation: Des situations pour évaluer les compétences des élèves*. Bruxelles: De Boeck.

ROMBERG, T.; ZARINNIA, E.; COLLIS, K. (1990). A new world view of assessment in mathematics. In: KULM, G. (Ed.). *Assessing higher order thinking in mathematics*, p.21-38. Washington, DC: AAAS.

ROSALES, C. (1984). *Criterios para una evaluación formativa (Segunda edición)*. Madrid: Narcea.

_____. (2000). *Evaluar es reflexionar sobre la enseñanza* (Tercera edición). Madrid: Narcea.

SADLER, D. (1998). Formative assessment: Revisiting the territory. *Assessment in Education: Principles, Policy & Practice*, 5, 1, p.77-84.

SALGADO, L. (1992). Avaliar ou ensinar? *Noesis*, 23, p.29-32.

SANDERS, J. & DAVIDSON, E. (2003). A model for school evaluation. In: KELLAGHAN, T. & STUFFLEBEAM, D. (Eds.). *International handbook of educational evaluation*, p.807-26. Dordrecht: Kluwer.

SCALLON, G. (2004). *L'évaluation des apprentissages dans une approche par compétences*. Bruxelles: De Boeck.

SCHOENFELD, A. H. (1985). *Mathematical problem solving*. New York: Academic Press.

SCRIVEN, M. (1967). *The methodology of evaluation* (AERA Monograph series on curriculum evaluation, n. 1). Chicago IL: Rand McNally.

_____. (1986). Evaluation as a paradigm for educational research. In: HOUSE, E. R. (Ed.). *New directions in educational evaluation*, p.53-67. Londres: The Falmer Press.

_____. (1994). Evaluation as a discipline. *Studies in Educational Evaluation*, 20, p.147-66.

_____. (2000). Evaluation ideologies. In: STUFFLEBEAM, D.; MADAUS, G.; KELLAGHAN, T. (Eds.). *Evaluation models: Viewpoints on educational and human services evaluation* (Segunda edição), p.249-78. Boston: Kluwer.

_____. (2003). Evaluation theory and metatheory. In: KELLAGHAN, T. & STUFFLEBEAM, D. (Eds.). *International handbook of educational evaluation*, p.15-30. Boston: Kluwer.

SEBRING, P. & BORUCH, R. (1991). How the national assessment of educational progress is used: An update of an exploratory study. In: STAKE, R. (Ed.). *Advances in program evaluation: Effects of mandated assessment on teaching* (v.1, Part B), p.255-76. London: Jay Press.

SHEPARD, L. (2000). The role of assessment in a learning culture. *Educational Researcher*, 29, 7, p 4-14.

_____. (2001). The role of classroom assessment in teaching and learning. In: RICHARDSON, V. (Ed.). *Handbook of research on teaching* (4th Edition). American Educational Research Association. New York: Macmillan.

SIKULA, J. (Ed.). (1996). *Handbook of research on teacher education* (2nd Edition). Association of Teacher Educators. New York: Macmillan.

STAKE, R. (Ed.) (1991a). *Advances in program evaluation: Using assessment policy to reform education* (v.1, Part A). London: Jay Press.

_____. (Ed.) (1991b). *Advances in program evaluation: Effects of mandated assessment on teaching* (v.1, Part B). London: Jay Press.

_____. (2000). Program evaluation, particularly responsive evaluation. In: STUFFLEBEAM, D.; MADAUS, G.; KELLAGHAN, T. (Eds.). *Evaluation models: Viewpoints on educational and human services evaluation* (2nd Edition), p.343-62. Dordrecht: Kluwer.

STECHER, B. (1998). The local benefits and burdens of large-scale portfolio assessment. *Assessment in Education*, 5, p.335-52.

STIGGINS, R. (2002). *Assessment crisis: The absence of assessment for learning*. Acessado em 24 de setembro de 2004 de www.pdkintl.org/kappan/k0206sti.htm.

_____. (2004). New assessment beliefs for a new school mission. *Phi Delta Kappan*, 86, 1, p.22-7.

_____. & CONKLIN, N. (1992). *In teachers' hands: Investigating the practices of classroom assessment*. Albany, NY: State University of New York Press.

STUFFLEBEAM, D. (2003). Institutionalizing evaluation in schools. In: KELLAGHAN, T. & STUFFLEBEAM, D. (Eds.). *International handbook of educational evaluation*, p.775-806. Dordrecht: Kluwer.

_____; MADAUS, G.; KELLAGHAN, T. (Eds.). (2000). *Evaluation models: Viewpoints on educational and human services evaluation* (2nd Edition). Dordrecht: Kluwer.

TELLEZ, K. (1996). Authentic assessment. In: SIKULA, J. (Ed.). *Handbook of research on teacher education* (2nd Edition), p.704-721. Association of Teacher Educators. New York: Macmillan.

THE VERMONT DEPARTMENT of Education (1991). *Looking beyond "The Answer": The report of Vermont's mathematics portfolio assessment program* (Pilot year, 1990-1991). Vermont: Autor.

TORRANCE, H. (2003). Assessment of the national curriculum in England. In: KELLAGHAN, T. & STUFFLEBEAM, D. (Eds.). *International handbook of educational evaluation*, p.905-28. Dordrecht: Kluwer.

_____. & PRYOR, J. (2001). Developing formative assessment in the classroom: Using action research to explore and modify theory. *British Educational Research Journal, 27*, 5, p.615-31.

TRINDADE, V. (1992). Objectivos e funções de um sistema de avaliação dos alunos. *Actas do II Colóquio Nacional da Secção Portuguesa da AFIRSE*. Lisboa: Faculdade de Psicologia e de Ciências da Educação.

TUNSTALL, P. & GIPPS, C. (1996). Teacher *feedback* to youg children in formative assessment: A typology. *British Educational Research Journal, 22*, p.389-404.

VALADARES, J. & Graça, M. (1998). *Avaliando para melhorar a aprendizagem*. Lisboa: Plátano.

VALENCIA, S.; HIEBERT, E.; AFFLERBACH, P. (1994). *Authentic reading assessment: Practices and possibilities*. Newark: International Reading Association.

VALENTE, V. P. (1973). *O Estado liberal e o ensino: Os liceus portugueses (1834-1930)*. Lisboa: Gabinete de Investigações Sociais do Instituto Superior de Economia da Universidade Técnica de Lisboa.

VIAL, M. (2001). *Se former pour évaluer: Se donner une problématique et élaborer des concepts*. Bruxelles: De Boeck.

VIEIRA, F. & MOREIRA, M. (1993). *Para além dos testes... A avaliação processual na aula de Inglês*. Braga: Instituto de Educação da Universidade do Minho.

VILHENA, T. (1999). *Avaliar o extracurricular*. Porto: ASA.

WEBB, N. (1992). Assessment of students' knowledge of mathematics: Steps toward a theory. In: GROUWS, D. A. (Ed.). *Handbook of research on mathematics teaching and learning*, p.661-86. New York: MacMillan.

_____. (1993). Assessment for the mathematics classroom. In: WEBB. N. & COXFORD, A. (Eds.). *Assessment in the mathematics classroom*, p.1-6. Reston, VA: NCTM.

_____. & COXFORD, A. (Eds.). (1993). *Assessment in the mathematics classroom*. Reston, VA: NCTM.

_____. (Dir.). (1991). *L'évaluation: Problème de communication*. Cousset (Fribourg): Delval.

WIGGINS, G. (1989a) A true test: Toward more authentic and equitable assessment. *Phi Delta Kappa, 70*, p.703-14.

_____. (1989b) Teaching to the (authentic) test. *Educational Leadership, 46*, 7, p.41-47.

_____. (1998). *Educative assessment.* San Francisco: Jossey-Bass.

WOLF, A. (1998). Portfolio assessment as National policy: The National Council for Vocational Qualifications and its quest for a pedagogical revolution. *Assessment in Education: Principles, Policy & Practice, 5,* p.3, 413-46.

## Referências legislativas

Decreto-Lei n° 36507/1947. *Diário do Governo*, I Série, 879-887.

Decreto n° 36508/1947. *Diário do Governo*, I Série, 888-927.

Lei n° 46/86 de 14 de Outubro. *Diário da República*, I Série, 10598-10601.

Despacho Normativo n° 162/1991. *Diário da República, 244*, I Série B, 10598-10601.

Despacho Normativo n° 98-A/1992. *Diário da República, 140*, I Série B, 2908(2)-2908(4).

Despacho Normativo n° 338/1993. *Diário da República, 247*, I Série B, 5934-5937.

Despacho Normativo n° 644-A/1994. *Diário da República, 214*, I Série B, 5556.

Despacho n° 5437/2000. *Diário da República, 58*, II Série B, 4613.

Decreto-Lei n° 6/2001. *Diário da República, 15*, I Série A, 258-265.

Despacho Normativo n° 30/2001. *Diário da República, 166*, I Série B, 4438-4441.

Lei n° 31/2002. *Diário da República, 294*, I Série A, 7952-7954.

Despacho n° 2205/2002. *Diário da República, 23*, II Série, 1762.

Decreto-Lei n° 209/2002. *Diário da República, 240*, I Série A, 6807-6810.

Despacho n° 474/2003. *Diário da República, 8*, II Série, 376.

Despacho n° 1911/2004. *Diário da República, 23*, II Série, 1489.

Despacho Normativo n° 1/2005. *Diário da República, 3*, I Série B, 71-76.

SOBRE O LIVRO
*Formato*: 14 x 21 cm
*Mancha*: 23,7 x 42,5 paicas
*Tipologia*: Horley Old Style 10,5/14
*Papel*: Pólen Soft 80 g/m² (miolo)
Cartão Supremo 250 g/m² (capa)
*1ª edição*: 2009

*Edição de texto*
Nair Kayo (Preparação de original)
Isabel Baeta e Adriana Bairrada (Revisão)

*Editoração Eletrônica*
Eduardo Seiji Seki (Diagramação)

Impressão e Acabamento:
**EXPRESSÃO & ARTE**
EDITORA E GRÁFICA
www.graficaexpressaoearte.com.br